U0947994

没有什么不可能

王健林的内部执行课

中国杠杆人物
内部培训课

丁萍◎编著

中国财富出版社

图书在版编目（CIP）数据

没有什么不可能：王健林的内部执行课 / 丁萍编著．—北京：中国财富出版社，2015.1

（中国杠杆人物内部培训课）

ISBN 978-7-5047-5423-3

Ⅰ.①没…　Ⅱ.①丁…　Ⅲ.①房地产企业—企业管理—经验—中国　Ⅳ.①F299.233.3

中国版本图书馆 CIP 数据核字（2014）第 242207 号

策划编辑　宋　宇　　责任印制　方朋远

责任编辑　于　淼　宋　宇　　责任校对　饶莉莉

出版发行　中国财富出版社

社　　址　北京市丰台区南四环西路 188 号 5 区 20 楼　邮政编码　100070

电　　话　010—52227568（发行部）　010—52227588 转 307（总编室）

　　　　　010—68589540（读者服务部）　010—52227588 转 305（质检部）

网　　址　http: //www.cfpress.com.cn

经　　销　新华书店

印　　刷　北京京都六环印刷厂

书　　号　ISBN 978-7-5047-5423-3/F・2252

开　　本　710mm×1000mm　1/16　　版　　次　2015 年 1 月第 1 版

印　　张　16　　印　　次　2015 年 1 月第 1 次印刷

字　　数　237千字　　定　　价　32.00 元

前 言
PREFACE

近年来，万达正以前所未有的迅猛速度，从一个领域进入另一个领域，惊人的“万达速度”一次又一次拔得了跨界竞赛的头筹。自1988年创立到目前为止，万达已形成了商业地产、高级酒店、旅游投资、文化产业、连锁百货五大核心产业。在全国已拥有68座万达广场、38座五星级酒店、6000块电影银幕、57家百货店以及63家量贩KTV。作为万达集团董事长的王健林也曾多次入选“CCTV中国经济年度人物”“全球百名思想家”。王健林从这个时代中脱颖而出，成为人人仰慕的财富代言人。

我们不禁好奇，是什么让王健林带领他的团队从一个辉煌走向另一辉煌?

是商业模式的不断探索与创新？是王健林超强的战略创新能力和经营能力？是万达先进完善的管理系统？的确，这些都是他成功的因素，但万达的成功，还有一个很重要的因素，那就是团队执行力。

有过参军经历的王健林，深知执行力对一个组织的重要性，所以他在创业和经营中将执行发挥到了极致。

“什么清华北大，不如胆子大；什么哈佛耶鲁，不如自己敢闯。”自从第一个万达广场开业后，王健林用最快的速度和最强的执行力在全国各个核心城市建造出了“城市地标”。天下武功，唯快不破。仗着一身胆气和执行能力，他建起了千亿资产的万达帝国。目前，万达合作的商家超过

5000家，持有的物业面积多达1000多万平方米，形成了满场开业、场场火爆的奇迹局面。

本书以王健林的日常讲话为主线，纵览了他的创业史，通过一个又一个的例子剖析了他成功的重要因素——执行力。本书没有太多的理论，没有说教，也没有华丽的辞藻，只有一个个实战案例，通过简朴而细致的阐述将王健林的一个个战略和一个个成功展现在读者眼前。

执行力是当前每个人、每个企业面临的突出问题，再好的战略离不开优秀的执行力，再顶尖的企业也要保持强大的执行力，否则将在市场的竞争中走向衰落。美国总统艾森豪威尔也说过："任何语言都是苍白的，你唯一需要的就是执行。"万达从无到有，靠的也是王健林敢闯敢干、敢试敢拼的执行精神。

执行力是一种决胜力，只有执行力才是真正直接对结果产生作用的力量。执行力的好坏，可以决定一个企业的命运。所以，不管是企业领导人，还是企业员工，都要积极增强自己的执行力。而本书既可以作为企业培训员工的内部培训教材，也可以作为企业从业人员的成长教材，希望读完此书，你会有所收益。

目 录
CONTENTS

上 篇

天下武功，唯快不破

——保障执行力，保证竞争力

很多时候，我们都希望事情更成熟、更完美时再去做，这在意识形态里可以，但要表现在执行上，就不能等到完美时，因为在任何一项工作中、在任何一个位置上，你所面临的机遇总是稍纵即逝的，如果你想让每件事都完美无缺，那么，最好的办法就是不做。而一旦落实开始，速度就是第一位的，完美就是第二位的。所以，面对所要执行的事情，先完成它，然后再去追求完美。

中 篇

统筹资源，率先领跑

——方法促进落实，制度保障执行

从企业的角度来说，好的战略是非常重要的，但若没有强大的执行力去完成它，这个战略也只是一纸空文。

执行力是一种决胜力，只有执行力才是真正直接对结果产生作用的力量。执行力的好坏，可以决定一个企业的命运。所以企业要通过一定的方法和制度来保障战略的执行和落实。

下 篇

全力以赴，追求卓越

——做好基础建设，做最好的执行者

执行力的核心是人，只有拥有了强大执行力的人，组织才能拥有强大的执行力。企业需要执行力，其实需要的就是有效执行的人，需要不折不扣的优秀执行者。而培养优秀的执行者，打造强有力的队伍和组织，首先需要做好“基础”建设！

上篇

天下武功，唯快不破

——保障执行力，保证竞争力

很多时候，我们都希望事情更成熟、更完美时再去做，这在意识形态里可以，但要表现在执行上，就不能等到完美时，因为在任何一项工作中、在任何一个位置上，你所面临的机遇总是稍纵即逝的，如果你想让每件事都完美无缺，那么，最好的办法就是不做。而一旦落实开始，速度就是第一位的，完美就是第二位的。所以，面对所要执行的事情，先完成它，然后再去追求完美。

第一章 敢闯敢试，富贵险中求

富贵险中求

创业者初期不要怕求人，不要怕卑躬屈膝，你脸皮厚一点。脸皮那么薄，这个也不敢求，那个也不敢求，这个不敢请教，那个不敢请教，怎么能成功呢？先把前面、后面抹掉。

——《王健林做客〈开讲啦〉节目的讲话》

最狂妄的事情，我告诉你们，我十几岁时候，还没有当兵之前，去爬一棵树，那棵树上没有人敢爬上去，那我就一定要坚持爬上去，啪啪掉下来，胳膊摔折。还有一次，有一个栏杆，啪啪啪大家跳，跟我大两三岁的同学比，他们跳过去了，我一看这个，这边没人敢跳，我也去跳，嘎吱一下，被绊倒，再摔下去，又胳膊摔断第二次。

——《王健林做客〈开讲啦〉节目的讲话》

执行策略

2012年，王健林在哈佛大学演讲时说过一句话：什么清华北大，不如胆子大；什么哈佛耶鲁，不如自己敢闯，胆子大比什么都强！

王健林认为，读得书再多，水平再高，如果不敢闯，不敢试，就永远都不可能有成功。的确，没有敢闯敢试的执行力，再好的创意、再周密的计划也都只是纸上谈兵，唯有把握机会、放开手脚，才会看到成功的曙光。

古人有一句话，“富贵险中求”，这句话也受到王健林的青睐。

王健林的父亲是一位职业军人，拥有可供其回味终生的熠熠生辉的阅历。在创业之前，王健林已经拥有一份值得他骄傲的履历：与中国很多杰出的民营企业家一样，王健林是职业军人出身。15岁那年他就成了沈阳军区的一个“娃娃兵”。在接下来的17年中，他用令人艳羡的速度一路升迁，28岁的时候就已经成为正团级的军官。

军队给予了王健林很多东西，他洞悉了信念、纪律和执行力对一个组织的重要性，并在之后的创业和经营中将这些理念发挥到了极致。1986年，32岁的他为响应国家“百万裁军”的号召，毅然离开部队。转业担任了大连西岗区政府办公室的主任。成了公务人员后，他的天地一下子变得开阔许多。

王健林在“主任”的位置上仅仅干了两年，1988年时，他终于在焦躁中做出了决定：他不甘心在公务员的位置上庸庸碌碌地走完自己一眼便能看到头的一生，他要摆脱束缚，去干点富有创造和挑战的事情。

当时，西岗区房管处下属一个刚成立不久的房地产公司，因总经理的经济问题负债几百万，濒临破产。这是一个人人避之唯恐不及的“烂摊子”，但王健林愣是不曾犹豫就主动请缨接下了这个“烂摊子”。年底的时候，王健林注册了大连市西岗住宅开发总公司。

“在当时，注册房地产开发公司的资金最少要100万，王健林就跟大连房屋开发公司借了100万元，还要扣除20万元的利息及50%的担保。在当时既没有办公场地，又没有工作人员，有的只是区政府淘汰的双体座农夫车，可谓是赤手空拳打天下。”曾有一家媒体这样描述道。

面对这样生死未卜的挑战，王健林却大着胆子，抱住了这个可能是机会也可能是炸药的“定时炸弹”，随后他凭着微小的创新每平方米多卖了400元，就获得了成功。

“拆迁回迁问题复杂、成本高，没人愿意干，我们是大连的第一个。”他曾对一个采访者谈起将当年的棚户区改造成大连今天著名的“北京街”那段往事时说道，“确实挣了不少，钱哗哗地来！800多套房子，一个月就卖完了，一下子挣了1000多万！”

从这之后，王健林的胆子越来越大，他承接的项目的规模也越来越大，执行力也越来越强，随之带来的利润也越来越多。他开始在大连进行大规模的“旧城改造”，用了两三年时间就使自己变成了“商界大佬”。

智慧剖析

美国总统艾森豪威尔说过：“任何语言都是苍白的，你唯一需要的就是执行。”万达从无到有，靠的是王健林敢闯敢干、敢试敢拼的执行精神。

很多企业的经营理念和战略大致相同，但绩效却大不相同，道理何在？关键是在于执行力！在激烈的市场竞争中，执行力已构成企业管理最重要的组成部分，对一个企业的发展起着至关重要的作用，它将是决定企业发展的重要保障，可以说，没有执行力就没有竞争力，没有执行力就没有凝聚力，没有执行力就没有创造力，没有了执行力企业就没有持续发展的空间。执行力是企业良好运营的保证，是所有员工的工作指南针，一个企业生存和发展的关键在于执行力是否到位，因为要完成企业的最终目标，就要靠执行把企业发展蓝图变成现实。因此执行力是以结果为导向的重要载体，是企业发展的内在动因，也是企业不可复制的竞争优势。

众所周知，日本的东芝电器公司是全球著名的跨国企业，但它是在土光敏夫重建下才得以发展的。

20世纪60年代，东芝公司在执行上出现了一系列的病症：销售渠道不畅通、产品积压过多资金周转不灵，管理懈怠、组织散漫、奢侈浪费现象严重；官僚主义的管理方式逐渐蔓延。这些病症使东芝公司1965年的利润从上半年的33亿日元下滑到下半年的10亿日元，股票红利也不断下跌，从1964年的10%每半年下跌为8%、6%，曾辉煌一时的东芝公司开始陷入风雨飘摇之中。

最后，东芝公司将拯救企业、重铸辉煌的重任交给了土光敏夫。土光敏夫一眼就洞穿了东芝公司执行力缺失的根源，他在就任演说中说道："现在东芝公司把拯救东芝的重任交给了我，我不是全能的菩萨。东芝的成败，在于众人的努力。"

土光敏夫首先以制止公司的铺张浪费行为作为切入点采取了一系列的变革措施。在土光敏夫的带领下东芝公司一改懒散、官僚主义的风气，开始变得严谨和负责，在决策执行上没有谁再马马虎虎。东芝公司最后转危为安，1966年上半年，销售金额达到1200亿日元，1969年，公司利润激增到102亿日元。

由于执行力缺失才是导致公司失败的关键原因。土光敏夫对其懒散懈怠的组织进行重大的变革，把公司的执行力上升到战略高度，结果他重振了东芝。

执行力是企业走向成功的必备能力之一，更是一种思维方式、行为习惯和企业生存态度。对于企业来说，要想在市场中站稳脚跟，要想在竞争中占有自己的领地，最重要的不是有多么远大的目标，而是向着企业的目标立即行动起来。这种"行动起来"就是执行的能力。只有具备执行力，才能把优秀的战略变为现实，也才能具有不可复制的竞争优势。

执行力是企业的不可复制的竞争优势，所以只有执行到位，才能获得完美结果。执行到位，要注意以下几点：

1. 完美才是执行的最高标准

要想把任务落实到最好，你的心中必须有一个很高的标准，不能是一般的标准。在决定事情之前，要进行周密的调查论证，广泛征求意见，尽量把可能发生的情况考虑进去，尽可能避免出现1%的漏洞，直至达到预期效果。苛求细节，完美的管理才能造就完美的落实，唯有圆满，才是执行的最高境界。

2. 在实践中培养执行力

在同等资历下，企业要成为强者，必须具有超越竞争对手的内在能力，也就是竞争力。这种内在能力的培养，只有在认真抓落实中才能形成。有为才能有位。一个人，要在强者如林的现代社会中成为佼佼者，就要具备超越众人的内在功力。内在功力的形成，是在不断的学习实践中培养出来的，学习实践的过程实际上是一个执行的过程。

而作为一个企业的员工，做事的时候应从以下两方面入手：

1. 把执行想透

柳传志说："在制定战略的时候，一边制定战略一边把怎么样去执行想透彻再做决定，这样不仅战略措施每一步都经过了慎重的思考，执行的时候也会更方便、更坚决。"

2. 坚决执行

杨元庆在谈及重归CEO位置以及联想业务的变化时坦言："心态的变化就是现在得基于每天运营的工作。全力以赴了，在战略清楚的前提下我们很坚决地去执行、去落实，整个公司都能看到和听到变革的脚步声。"

做别人不敢做的事

我们盖购物中心，电影院是相关的行业，想获得超额利润，想赢得比别人更快的发展步伐，一定要敢于去做别人不敢做的事情。所有人都认为能赚大钱的行业你一定不能进，只有少数人认为能做、多数人认为不能做的事情你才能获得超额利润，真理掌握在少数人手里。

——《王健林：地产大佬的电影梦》

执行策略

回想万达的每一次调整和转型，在旁观者看来，王健林都很“激进”。

将时钟拨回到26年前的大连西岗区区政府主任办公室中。当时34岁的王健林正在做一个决定。两年前，他响应号召，从部队转业来到这里，过了两年闲得“发慌”的日子后，他接手濒临破产的西岗住宅开发公司，注册大连市西岗住宅开发总公司，做一些房地产的开发项目。

决定之后，最大的难关便是100万元的注册资金，王健林前思后想，最终向一家国企借了高利贷，利息为每年25%，必须5年内还清。

当时他身边的朋友们都认为风险太高、投资太大，但王健林却说，富贵险中求，“如果一件事周围所有的人都同意你去做，那你千万别做，如果只有少数人认为可以做，这少数认可的人中还有一部分没有胆量去做，那你就可以去尝试。”

开发房地产项目还需要政府指标，王健林没有拿到，但政府急于出手的一个“烂摊子”——旧城改造项目却无人愿意接手。当时的改造成本为1200元每平方米，而那时大连房价最高的也仅为1100元每平方米。

没人肯做，王健林毛遂自荐，他只做了几点创新——暗厅改成明厅，装铝合金窗、防盗门，每户配洗手间，虽然是现在看起来很平常的改动，但在当时却是要冒很大风险的，“那个时候，只有局级干部的住房才可以配备洗手间，因为这个，我还差点被纪委调查。”

但是最终这个项目的房子以均价1580元每平方米的“天价”在两个月内全部售出，王健林也收获了人生的第一桶金。

2009年年初，受经济危机的影响，大部分房地产企业选择了收缩，万达却逆市扩张。王健林认为，中国没有出现全面危机，只是进出口暂时遇到困难，坚信中国经济会很快恢复，维持较快增长。2008年第四季度和2009年前两个季度万达都选择了大规模投资买地。

由于万达敢于逆市拿地，且拿地后立即动工，才出现了业绩翻番的局面。2010年上半年，万达销售额同比增长超过200%。其中，万达旗下的核心支柱企业和计划上市平台的万达商业地产股份有限公司，实现房地产合同销售面积278.8万平方米，合同销售金额334.4亿元，成为上半年仅次于万科、销售额突破300亿元的房企。其销售额的一半以上来自商铺、写字楼等非住宅类物业。

王健林说，“想获得超额利润，想赢得比别人更快的发展步伐，一定要敢于去做别人不敢做的事情，所有人都认为能赚大钱的行业你一定不能进，只有少数人认为能做、多数人认为不能做的事情你才能获得超额利润，真理掌握在少数人手里。”由此不难看出其超群的勇气和谋略。

智慧剖析

在企业中，有些看似雄心勃勃的计划最后总是一败涂地，有些好的决策总是一而再、再而三地付之东流，刚刚做好、做大，贯彻就出现了问题，付出比计划多了10倍，结果却不到计划收益的1/10，这是为什么呢?

是执行力不够!

企业要想在市场中站稳脚跟，在竞争中立于不败之地，关键就是增强自己的执行力。执行力就是一种决胜力，一种决定胜负的力量，执行力的好坏，可以决定一个企业的命运。

在竞争日趋激烈的市场中，几乎所有的企业都在冥思苦想着一条能够保有持续竞争力的出路，因为有了执行力，好的战略才会转化为真正的生产力。提升企业执行力，应做到以下几点：

1. 打造一流的执行团队

海尔总裁张瑞敏在比较中日两个民族的认真精神时曾说：“如果让一个日本人每天擦桌子六次，日本人会不折不扣地执行，每天都会坚持擦六次；可是如果让一个中国人去做，那么他在第一天可能擦六次，第二天可能擦六次，但到了第三天，可能就会擦五次、四次、三次，到后来，就不了了之。”

执行力的核心是人。只有拥有了强大执行力的人，组织才能拥有强大的执行力。企业需要执行力，其实需要的就是执行的人，需要不折不扣的优秀执行者。世界上最成功的企业无一不是拥有着不折不扣的执行者，所有优秀的企业都致力于打造一支具有强大执行力的队伍和组织。

2. 实行双主管制

戴尔通过多种机制对经理人的管理行为进行修正，以保障执行力准确无误地贯彻。在关键岗位采取双重负责制，即重大决策必须由两个主管做出一致决定时方能实施。这种共同决策的方式既可以发挥双方的优势，又可以避免各自的不足，并在工作出现失误时共同承担责任。

实行这种双主管制的关键在于：权限虽然重叠，责任却一定分明。经理人员必须一起督促他们所共同管理的员工，也要分摊最后的表现结果。这其实是一种制衡的系统，权责共享不但能成就共荣的态度，鼓励合作，还能使得全公司都能分享不同的观点与创新意识。

敢闯敢干，不惧当先烈

创新者大部分成为先烈，少部分成为先进。但是正是因为有成功者的这种可能性，激励着后来人不断去攀登，不断去创新，希望成为那个极少数的成功者。

——王健林谈创新

执行策略

2000年宏观形势一片大好，住宅地产正做得如火如荼之际，王健林力排众议转攻商业地产；2005年当商业地产做得如日中天、赚得盆满钵满之时，王健林又别出心裁转型文化产业；2008年又开始抢夺旅游投资这块蛋糕。

十年前王健林曾说过，“创新者大部分成为先烈，少部分成为先进，但正是因为有成功者的可能性，激励着后来人不断去攀登，不断去创新，希望成为那个极少数的成功者。”

万达发展得好，根本原因就在于王健林敢闯敢干的创新精神和执行精神，不惧当先烈，只为争先进。2012年，万达实现了重大发展，历经多年研发后，两大产品横空出世：

第一个产品是大连金石文化区。全世界有众多的影视基地，但绝大多数只有外景地和制作区这两项内容；而中国国内的一些知名项目，要么只有外景地，要么只有制作区，缺少综合性。

金石文化区将历时四年研发，成为全球首创性地将影视外景地、影视制作区、影视体验区、影视会展区以及旅游、商业、酒店群相融合的影视基地。影视外景区、制作区除专业人员使用外，还贴心地允许游客参观；在影视体验区游客除了可以体验影片的拍摄过程外，还有专业导演指导拍摄微电影，可以现场当一回“大明星”；每年的大连国际电影节则在影视会展区举行。

大连金石文化区占地5.5平方千米，文化旅游项目投资近300亿元，于

2013年全面开工，力争2016年、确保2017年建成。这个项目一旦建成，相信必然会在世界范围内引起轰动，成为全球影视产业的一大文化中心。

第二个野心之作是万达城项目。考虑到中国的气候特点，北方冬天寒冷干燥，南方夏天炎热多雨，除了三亚、西双版纳等少数地方外，四季都适合户外活动的地方少之又少。因此，万达城创新性地将文化、商业和旅游结合设计，以室内项目为主，将彻底解决气候对于旅游的影响，使传统的“一季游”变为“四季游”。

这两个项目的研发成功，标志着万达又跃上了新高度。

第一，万达的创新水平将达到世界先进水平：概念设计世界唯一、设计团队大师组合、万达拥有知识产权。

第二，万达的资源整合能力将达到世界水平。这两个“雄心之作”都复杂异常、困难重重，需要对舞台演艺、电影科技、室内室外游乐、名人蜡像馆、商业品牌、酒店品牌等各种资源要素进行整合。项目的占地面积也很大，且大多位于郊区，基础设施匮乏，有些项目甚至需要万达亲自做道路、铺管网等。不只是纸上谈兵，还能真正有效落实下去，除万达外，世界上只有少数企业能够做到，这也说明万达的资源整合能力已达到世界水准。

第三，万达人才达到世界水平。人才是创新的根本。万达与一批世界级大师签订了排他性协议，在未来若干年里这些人只会与万达合作。例如马克·菲舍尔先生，是世界著名的建筑和艺术领域的跨界大师，曾担任北京奥运会、广州亚运会、伦敦奥运会开闭幕式的艺术导演；高顿·多瑞特先生，是全球排名第一的主题公园设计公司的创始人兼首席执行官；弗兰克·德贡先生，是世界舞台艺术导演第一人。

万达招聘的人才也无不呈现出世界级的水准，在万达文化旅游规划院的员工中，既有拿过奥斯卡最佳视觉效果奖的动漫师，也有来自世界唯一演艺特种设备公司的设备总监。世界优秀人才的友好助阵，预示着万达今后的创新之路会更加平坦、宽阔。

智慧剖析

更高、更快、更强是一种精神，更是一种标准。它是拒绝“差不多”的利器，更是高调执行的保证。

无论是身处社会的哪一种位置，是作为家庭中的一分子，还是作为职场中的一分子，执行效果都会影响到你以后的发展。所以，我们应该做事到位，执行不遗余力，以不断进取的心态去追求自我的发展。你执行越到位，你的价值含量才会越大，你的发展空间也才会越大。

某公司在韩国订购了一批价格昂贵的玻璃杯，为此该公司专门派了一位官员来监督生产。来到韩国以后，这位官员发现，这家玻璃厂的技术水平和生产质量都是世界一流的，生产的产品几乎完美无缺，他很满意，就没有刻意去挑剔什么，因为韩方自己的要求比美方还要严格。

一天，他无意当中来到生产车间，发现工人们正从生产线上挑出一部分杯子放在旁边，他上去仔细看了一下，没有发现两种杯子有什么差别，就奇怪地问：“挑出来的杯子是干什么用的？”

“那是不合格的次品。”工人一边工作，一边回答。

“可是我并没有发现它和其他的杯子有什么不同啊？”美方官员不解地问。

“你仔细看，这里多了一个小的气泡，这说明杯子在吹制的过程中漏进了空气。”

“可是那并不影响使用啊？”

工人很自然地回答：“我们既然工作，就一定要做到最好，任何的缺点，哪怕是客户看不出来，对于我们来说，也是不允许的。”

“那么这些次品一般能卖多少钱？”

“10美分左右吧。”

当天晚上，这位美国官员给总部写信汇报：“一个完全合乎我们的检验和使用标准，价值5美元的杯子，在这里却被无人监督情况下的员工用几乎苛刻的标准挑选出来，只卖10美分，这样的员工堪称典范，这样的企业又有什么可以不信任的？我建议公司马上与该企业签订长期的供销合同，我也没有必要再待在这里了。”

高品质的产品和高度的信誉从根本上都源于企业对于各个方面的“高标准、严要求”。当我们了解到了上例韩国公司对于生产杯子的高标准和严要求后，便不难理解例中美国官员“没有必要留在这里”的感慨了。

更高、更快、更强使企业立于不败之地，同时也是员工执行力的表现。要保持更高、更快、更强，需要做到以下两点：

1. 高标准，严要求

高标准、严要求，就是追求卓越、追求完美的落实力。很多著名的成功企业都深信，要造就一流的品牌，必须先造就一流的人才。例如，“自我批判”的态度已深植于戴尔公司的文化中，戴尔随时质疑自己，随时寻找改进做事的方法。戴尔试着由上至下建立起这样的行为模式，聘用具有开放观念的人员，并把他们培养成领导者。

一个人成功与否在于他是不是做什么都力求做到最好。成功者无论从事什么工作，都绝对不会轻率疏忽。因此，在工作中你应该以最高的规格要求自己，能完成100%，就绝不只做99%，尽可能地把工作做得比别人更快、更准确、更完美，动用你的全部智能。对于员工来说，以最高的标准要求自己，在工作的时候，就意味着做到让客户百分百满意，让客户感受到超值的服务。这就是卓越员工工作的唯一标准。这样的标准在实际工作中，一方面将造就优秀的员工，另一方面将造就成功的企业。

2. 按时、保质、保量

拖延是执行的大敌，无论大事小事，都应该认真对待，不要把昨天能完成的事拖延到明天，不要傻到等老板开口，说“你什么时候做完那件事”时，才匆忙上阵，仓促处理未完的工作。

在执行的过程中，不要随意降低工作的标准，不要想欺骗上司或者客户，以最高的要求对待工作。如果你只想做到60分，那么在别人心目中50分也达不到。

第二章
立即行动，快才能抢占市场

万达速度

快是战略问题，必须要快。现在是最后的机会，可以做大市场份额，可以积累经验，可以赢得未来的市场空间和话语权。

——王健林谈万达速度

执行策略

在万达，企业一般从拿地到开工，不会超过四个月（万达一般不进行土地储备），到正式开业一般不超过18个月。开工后四个月左右即可开盘，万达一直努力实现“建成即开业，开业即旺场”的格局。

万达对商业地产开发进程的严格控制是它始终能够稳踞龙头的重要原因。18个月的开发周期保证了企业的高速运转，每一个项目的各个阶段的时间都紧扣得很好。

万达的每个团队对于进场、装修等事宜都有严格的要求：第一，必须要在开工前签完所有的主力店合同；第二，在施工图完成前必须签掉两个业态的合同——超市和餐饮。如果这两个业态没有签下来就开始打桩施工，进来的商家肯定要修改设计图纸，会再增加改建成本，从而延误工期。

从拿地到开业，在18个月的时间内，若实现不了，一定要对项目总经理进行问责。在迄今为止近百个项目中，只有昆明一个项目没能按期交付，结果总经理被开除了。

快有什么好处？一方面，项目同期开业，会造成一定的社会影响力，便于项目营销，并赢得强烈的社会关注度。在短时间内，快速汇聚人气，培养消费群体，为项目奠定坚实的基础。开业后即可整体投入运营便于企业交接管理，开业即产出，资金回笼的速度也会加快。

另一方面，18个月开业与中国政治环境存在紧密联系，一个万达广场就是一项政绩工程。政府部门也都希望这项工程能在本届任期内完成，为自己树立良好政绩形象，自己栽树自己乘凉。所以说，“快”不仅是经济的需要，也是政治的需求。

万达为什么可以快？从建设到招商，万达每一个环节，都以加快速度为准则。项目从拿地开始就已经做规划方案，所有的项目规划都采取产业化生产流程。一个城市综合体包括“四菜一汤”，即四栋商业体加贯穿其中的商业街；四栋商业体分别是百货、超市、娱乐和电器……万达的商业定位中牺牲了高端和低端的消费人群，以求对各个城市的可适应性。

在万达的订单模式中，为了节约谈判时间，不就单个项目的租金水平进行谈判，因此采取了“平均租金”的方式。将全国城市分三等租金，加快招商谈判速度。

一旦项目启动，土建、招商、装修等各个链条都要以18个月开业为终点，开始倒计时，紧锣密鼓地推进工作，各个环节环环相扣，责任细化到每一个员工，不允许出现半点差池。万达这样军规式的管理，就是要让所有员工都知道“晚上陪客户喝酒到三点”绝对不能成为第二天迟到的理由。

但客观环境依然在制约着万达的高速。万达广场不是只有几栋房子，它需要用大量的商家将其填满，而国内的主力店品牌一般都很难赶得上万达的快节奏。万达“全产业链”的结构便就此诞生。

无论是阴差阳错，还是有意为之，全产业链事实上最终给了万达一个“要什么有什么”的自由，它给万达带来的最大好处就是，建一个万达广场，就立刻将它装满，并且热热闹闹开业。这让万达无须再四处奔波和被动受限。

万达影院是2004年华纳兄弟影业与万达成立的合资院线公司。双方约定好，等国家放开文化产业后就将院线股份悉数转给华纳。但是，事情进展得并不顺利，国家随后收紧了对文化产业的开放，华纳迟迟等不到控股的机会，院线又一直处于严重的亏损状态，最终索性选择了撤离。

万达多方联系，都没有找到合适的下家，而院线是万达确定的主力店和战略产业，不能就此搁置，最终只好选择自己做，目标是不亏太多就行。但是没想到，华纳都经营得一塌糊涂的院线，在万达自己手里竟第二年就一下子翻了盘。目前，万达院线已经成为万达重要的现金流来源之一，在商业地产上市受阻的情况下，万达院线已经成为上市的重要选择。

如果说万达院线是阴差阳错，万千百货则是有意为之。2007年成立的万千百货，计划到2015年开到100家店，年销售额达到400亿元以上，成为中国一流的百货集团。

但是很长一段时间里，万千百货一度不被人看好。万达自主投资万千百货店的出发点就在于，万达每年开工、竣工七八个万达广场，但百货方面很少有哪家品牌公司能够以这样的速度开出分店。

“万达广场开业，它把万千百货装进去，把万达影院装进去，再加上一些战略伙伴，这个广场就装得七七八八了。所以它开业总能是满的。”万千百货的负责人说。

一直在急速扩张其建筑综合体计划的万达集团，希望能始终遵循并确保自己的开发节奏，一旦发现影响扩张速度的短板出现，任何可能的选择便会被予以实施，万千百货是这样，万达影院也是这样。甚至因为没有能适合万达的规划院，万达建立了自己的规划院。

万达的成功，也许并不是什么都做到了最好，但是做到了足够快。经过几年的快速奔跑，万达如今已积累了100座商业综合体中的商业资产，成为中国最大的“地主”，也是最大的商业不动产运营商。

智慧剖析

无论做什么事情，即使有难度，也不要拖延。许多事情的难度，都由于我们的犹豫和摇摆加大了。成功的秘诀其实很简单，就是立刻去做，一分钟也不要拖延。

“说一千，道一万，两横一竖就靠干！”成功者真正的才能在于他们审时度势之后能付诸行动，这才是他们出类拔萃、真正成功的秘诀。什么事一旦决定，马上付诸实施是他们共同的特点。有一位心理学家多年来一直在探寻成功人士的精神世界，他发现了两种本质的力量：一种是在严格而缜密的逻辑思维引导下艰苦工作；另一种是在突发、热烈的灵感激励下立即行动。

对于任务，员工需要做的永远是执行、执行、执行！一接到任务，就满怀激情地想着怎样去完成它，而不去考虑这个任务的可行性。如果员工首先是充满怀疑，不管怀疑大小，团体的目标都会因此大打折扣。

某公司老板要赴海外公干，且要在一个国际性的商务会议上发表演说。他身边的几名随员于是忙得头晕眼花，要把他赴洋公干所需的各种物件都准备妥当，包括演讲稿在内。

在该老板赴洋的那天早晨，各部门主管也来送机。有人问其中一个部门主管：“你负责的文件打好了没有？”

对方懒洋洋地说道：“今早只有4小时睡眠，我熬不住睡去了。反正我负责的文件是以英文撰写的，老板看不懂英文，在飞机上不可能复读一遍。等他上飞机后，我回公司去把文件打好，再以电讯传去就可以了。”

谁知转眼之间，老板驾到。第一件事就问这位主管：“你负责预备的那份文件和数据呢？”这位主管按他的想法回答了老板。老板闻言，脸色大变：“怎么会这样！我已计划好利用在飞机上的时间，与同行的外籍顾问研究一下自己的报告和数据，别白白浪费坐飞机的时间呢！”

天哪！这位主管的脸色霎时一片惨白。

在执行任务的过程中难免会碰到许多困难，比如时间比较紧、任务比较多、难度比较大，但不管怎样，任务就是任务，谁也不能心存侥幸，往后拖延。拖延会侵蚀人的意志和心灵，消耗人的能量，阻碍人潜能的发挥。

歌德说得好：“只有投入，思想才能燃烧。一旦开始，完成在即。”“绝不拖延，立即行动！”这句话是最惊人的自我启动器。任何时候，当你感到拖延的恶习正悄悄地向你靠近，或当此恶习已迅速缠上你，使你动弹不得时，你都需要用这句话来警醒自己：在一分钟之内动起来！

然而企业中的员工，在工作执行的过程中都或多或少有着一些拖延的坏习惯。下面是几种克服拖延的实用小技巧，希望能够对员工有帮助。

1. 分类找原因

是什么原因使员工无法做某项工作？优柔寡断？害羞？无聊？无知？散漫？恐惧？疲倦？无法忍受不愉快？缺乏必备的工具？一字一句地具体指出拖延某事的原因，区分类别。如果正确地认清问题，则解决方法就会变得相当明确。如信息不足，则可以开始寻找必需的资料。

2. 大腊肠切片

工作似乎相当艰巨，则稍稍暂缓，拿出纸来做思考。记下完成工作的所需步骤，步骤的幅度越小越好，即使它们只需要花费一两分钟，也须分别记下。

这个艰巨的工作就像一条未被切割的大腊肠，庞大、皮厚、油腻，难以入口，但如果切为薄片，则相当引人垂涎。将艰巨的工作分开对待，即分成每个小小的即时工作单，就像可以马上享用的腊肠片，而非整条腊肠。

3. 引导式工作

假设想拖延写信，不要试着去强迫自己，只要采取一小步骤，当做完此步骤，便可以决定是否要继续下去。这步骤可能是看看信的地址，或将纸转入打字机，或取下纸来，或写下想提出的要点。任何事皆可，只要是明显的身体行为，这是打破内心困顿的方式，其理论基于：事物静止时依旧是静止着，运动时依旧是运动着。

4. 5分钟计划

有些工作难以分割小块，如想清理积压如山的公文，大约需要一小时，实在很难将它简单分割成“即时工作”。这时，可以试试5分钟计划，和自己做个约定，允许以5分钟做这工作，时间一到，便可自由去做想做的事，或是继续5分钟。不管工作多么令人厌烦，仍须常常去做5分钟。5分钟后，若不想接着继续干，则不要干，约定就是约定。在将工作搬开之前，记下另一个5分钟的时间。

“再不抓紧就来不及了”

有人问我，你为什么总是对国家大的趋势节点把握这么准，老是踩着这个点。这不是蒙的，这来自企业对形势的判断和转型的动力。

——王健林2013（第十二届）中国企业领袖年会开场演讲

执行策略

从住宅楼到商场建设，再到文化产业，万达的每一次转型，似乎都能与国家节奏紧密合拍，它十分了解本土商业环境的精微之处，是擅长卡位的高手。

王健林认为，两年后才是万达文化产业项目见分晓的时刻。2013年几个高端的万达广场开业，而2014年，楚河汉街即将开业，他认为届时万达“就完全站在世界一线高度上了”。2011年，楚河汉街项目第一期开业典礼时，王健林就给万达描绘出了一幅蓝图：现在别人看我们叫“望其项背”，在你后面追，但还能看清楚你；争取再有三五年，叫“望尘莫及”，别人肯定追不上。

但是仅仅四年前，不要说让别人望其项背，万达彼时正遭遇危机、自身难保。

当时，万达的资金链相当紧张。虽然万达的商业地产第三代产品——城市综合体已经成熟，但实力和影响仍远不及南方的万科，甚至是2007年上市的碧桂园。

2008年11月，“四万亿”刺激经济政策出台，地方政府急于卖地，银行急于放贷。一些荒诞剧便再次上演了，银监会按月检查银行放贷是否达标，房地产贷款甚至连四证、资本金都不看，只要申请就能拿到。

“这样的机会以后还有吗？”王健林说，“很多人被形势吓怕了，不敢拿地，只有我在公司说要大干。”他一声令下，万达仅在2008年年底就将十几个项目揽入怀中，2009年年初又乘胜追击了十几个，土地的价格低得惊人。在上海和南京这样的城市，万达拿到的土地价格仅每平方米1000多元，2009年开盘价格是地价的十几倍。

“一个企业步步踩准不太可能的，多数时间都是在平均线上，但关键几步你上去就拉开距离了。”王健林说。2008年的那一轮调控之后，万达发展曲线呈现V形反转，一举超越了之前一直领先它的大公司。这次调控还有一个意想不到的后果：住宅房地产的风险和劣势越来越明显，而商业地产在对抗经济周期、增加就业和税收等方面的优势，越来越获得政府和行业认同。

“说我们是前瞻性也好、蒙的也好，万达这一次踩准了点。”王健林说。他对政策高度敏感，2004年的那轮调控中，银监会和开发商博弈导致调控政策的暂停，王健林的决策是拼命卖房，很多同事说他逼得太急了、太累了，建议慢慢来，他急了，冲口而出慢个屁！再不抓紧就来不及了！果然不到半年政策窗口又收了起来。

“这几年万达并非线性发展，而是细胞分裂，1个变2个、2个变4个。”万达发展追求速度。利润与发展速度相比，速度优先，绝不在小钱小利上耽误时间。建长春万达广场时，仅租金万达就与合作方谈判了一年多。此后，万达将全国城市划为三个等级的租金，对方同意就合作，大大加快了建设速度。

高速扩张需要大量的后续资金做支撑。万达与全球最大的基金财团合作，成立了专门投资中国商业地产的基金，每年可以拿到几十亿元投资，再加上收租，从而保证了资金链的永续不断裂。全国4万家房地产企业，只有万达能做到这一点。

“万达更标准化、执行力更强。看上去别人跟万达只差一点点，但是一点点就差了很多。”中国商业地产联盟秘书长王永平说。

智慧剖析

“再不抓紧就来不及了”。这是怎样的一种执行精神，正是凭借着这种执行精神，王健林才带领他的团队从一个辉煌走向另一个辉煌。

执行力是当前每个企业面临的突出问题，是构成企业竞争力的基本因素。再好的战略离不开优秀的执行力，再顶尖的企业也要保持强大的执行力，否则将在市场的竞争中走向衰落。在当今时代，企业的生命在于效率，而效率的产生在于执行。执行力已成为当今企业效率之源、成功之本。

台湾的鸿海集团曾有个客户在美国芝加哥。当初鸿海集团的竞争对手交不出货，这家公司叫鸿海集团开发。结果发生一些材料无法适应芝加哥寒冷天气的状况。郭台铭亲自带领员工赶到美国，才发现连接器必须做-50℃的测试。那是20世纪80年代，天气非常冷，冬天零下20多度。

当初设计时，郭台铭对美国湿冷的天气没有感受，没有进行环境温差试验。但是，郭台铭什么都接、什么都包，员工自己提了皮包就过去了，连夜赶着对产品做检查，把全部有问题的货从生产线上挑出来。然后几乎是把客人挑剔的货重新生产，再空运去美国。当时郭台铭下定决心，即使赔钱也得让客人换货。

在美国的员工去帮客人找到问题，解决问题，把货换过来，在台湾的所有团队就24小时不眠不休地“接力赛”，加班加点。结果是3天内生产线没有停工，两个星期之内把货全部换好，满足了客户的要求。

只有好的策略、好的方向，是不够的，必须还具有超强的执行力。就是说，客户的要求要100%做到，哪怕是当初你没有料到的要求。

执行力是企业立于不败之地的行动指南，也是员工在激烈竞争中胜出的法宝。将执行落到实处，应该谨遵“快、准、细、严、实”的工作五字诀。

1. 快速

“快”：培养雷厉风行的工作作风，以高涨的工作热情，快节奏、高效率地干好每一项工作，严禁办事拖拉。

2. 准确

“准”：培养一丝不苟的工作作风，是认真负责的精神体现，是保证工作质量的关键。

3. 细致

细：培养周密细致的工作作风，这就要求员工要有不厌其烦的韧劲。

4. 严谨

严：对自己时刻保持严谨的工作态度和严肃的工作作风，端正自己工作态度和作风，要坚持严格管理。

5. **求实**

“实”，即培养求真务实的工作作风。出实招、说实话、办实事，在任何情况下都不弄虚作假。说老实话、办老实事、做老实人。

在工作中时刻以“快、准、细、严、实”来要求自己，并运用到实践中，秉承一种坚持的信念，经受得起困难的考验，执行的诀窍就已经被你掌握了。

万达必须要快，再快一点

万达执行力强不仅企业界公认，政府、百姓也公认，一个一个奇迹，一个一个“不可能”都在万达实现。前几天我跟一个外国代表团谈判，其中包括美国一家知名投资公司的董事长，所有人都问一个问题：“万达怎么能做到一年开业二十个购物广场、同时还有几十个在建？”这在国外完全不可想象。如果我告诉他们有的万达广场一年内就建成开业，他们可能更理解不了。

——王健林在万达学院开学典礼上的讲话

执行策略

“万达必须再快一点，必须要快。”王健林强调万达速度，他认为只有快才能抢占市场。在万达成立的20年的近百个项目，只有昆明一个项目没有按时完成，总经理被开除处分。

在武汉，万达曾创造出一个“城市神话”，打造出一个“中国第一世界一流的业内朝拜之地”——武汉中央文化区。其中名为“楚河汉街”的商业步行街，不仅成为武汉市内新的地标，也创造出行业内广为流传的速度神话。

武汉中央文化区，占地约1.8平方公里，总建筑面积340万平方米，是万达集团旅游地产项目之一，也是一个以文化为核心，兼具旅游、商业、商务、居住功能为一体的世界级文化旅游项目。对旅行团来说，如今带团游武汉，楚河汉街已成为必参观的项目之一。而对于地产业内人士来说，楚河汉街建造时的"万达速度"更是成为不朽的传说。

当年万达和武汉当地政府约定的交地时间是2010年6月30日，开业时间为2011年9月30日。然而因为各种原因，直到2011年1月政府才交地，但令所有人大吃一惊的是，楚河汉街依然在当年的9月30日如期开业，耗时8个半月，无一天拖延。

随后的国庆假期，楚河汉街迎来230万的人流量，接待量全国第三，而第一和第二是故宫、长城等历史名胜古迹。万达再一次用事实证明了业内的传闻：万达开发的物业，从来都不愁招商，只有商铺挑商家，不是商家挑商铺。

北京的石景山项目，恰逢2008年奥运会，故而停工数月，之后又迎来了北方冬季的严寒，但最终依然按期开业，一天都没有延迟。"这个项目的老总基本上累废掉了。"一位万达员工感慨道。而武汉菱角湖万达广场开业前一夜，有5000多人同时做保洁，第二天如期开业。三年之前，万达长白山项目上还是一片没有路的原始森林，在零下30多度条件下，万达员工踩着齐腰深的雪到密林中放线，沿路只能在树上系上红绳以免走失。

庞大的万达帝国正行驶在快车道上，想慢下来，很难。

智慧剖析

小米的创始人雷军说过一句话：天下武功，唯快不破。在互联网时代，每天都有新的事物产生，用户需求变化得非常快，竞争也很激烈，一旦速度跟不上，就会被淘汰。

中国“快鱼”华为，一直被视作是快速和准确反应的企业典型。任正非曾经说：“快速反应是使华为具备全球竞争力的关键。”华为在进军欧洲市场时，快速建立起覆盖全面的服务网络，主打快速客户服务，顺利抢占市场。

关于华为超强的执行力和超快的反应速度，这里有两个小案例可以佐证：

1997年，天津电信里有人提出“学生在校园里打电话很困难”这一问题。任正非得知后立即指示：“这是个金点子，立刻响应。”于是，2个月后201校园卡就在华为出世了，推出后市场反应热烈，很快便推向全国。实际上这项创新只需要在交换机原本就有的200卡号功能上进行“一点点”技术改造，但是等其他公司反应过来想要追赶时，华为已经领先它们近一年时间了。这是其一。

1999年，华为成为最早和中国移动合作神州行预付费业务的企业。在这之前华为就已经觉察到这个极具潜力的市场，并暗自做了技术储备。中国移动一提出需求，华为立刻全力响应，技术上也做好了完全的供应。

中国移动一期工程在全国铺设了25个省市的点，而承建方只有华为一家。2年内，华为没赚到一分钱。但是在业务成功推广后，中国移动二期招标时一次性就付给了华为8.2亿元的合作费，这也成为当时华为最大的一笔合同，利润远远高于其他产品。虽然之后还有其他的企业跟进，价格却只有当初的1/5了。

凭借敏锐的技术嗅觉和快速的执行能力，华为如今正在从网络业务向云计算和终端业务延展。云战略、终端战略、系统设备构成了华为新的“云管端”战略。华为的手机和宽带数据卡等已在全球市场取得巨大成功。

市场游戏规则的关键在于速度，在几个星期或几个月内进入市场，而不是一年，要比其他人更快地行动。企业在激烈的市场竞争中，谁的反应慢，谁被淘汰出局的可能性就大。

当然，“快”还要落脚于企业的具体执行之上。有了快而准的决策，却没有高效的执行力，最终快也要变慢。

以雷厉风行的姿态抢占先机

黄金有价，那是无价的钻石之地，稀罕而且不可多得！多大的投资我都在所不惜！

——王健林谈太原街

执行策略

当一个新事物出现的时候，刚开始知道的人很少，若是能抢占先机，那你便有可能发现商机，若你后知后觉，商机便会转瞬即逝，只剩望洋兴叹。

沈阳太原街商业步行街，东北最有影响力的时尚潮汇地，是中国最著名的商业街之一，影响力辐射整个东北亚。在1992—2002年之间的十年里，这里发生的一切都与智慧和执行力有关……

1992年的冬天，距离新的一年开始还有30天。《沈阳日报》上出现了一则不是特别显眼的公告：沈阳市土地房屋开发集团正式面世了。但是，就在这家集团向社会各界表达谢意的广告中，人们看到了一个空前庞大的“豪华”同贺阵容，包括泰国正大、美国协和、香港嘉里、新加坡温氏兄弟、美国善美等公司，这也就是后来被人们封为浩浩荡荡进军太原街的“八国联军”，而沈阳市土地房屋开发集团的成立，也标志着沈阳市第一次吹响改造太原街的号角。

“八国联军”浩浩荡荡地开进太原街，雷声滚滚而来，人们只盼望一场透雨过后，能洗出一个焕然一新的太原街。但很快，“八国联军”改嫁的改嫁，撂挑的撂挑，除了无奈下临时建起的嘉阳广场之外，还剩下12栋占尽地利的大厦毫无生机地立在那里，让人唏嘘不已。

执行力普遍低下的情况下，谁有执行力谁就有竞争力。王健林携万达集团来到了被冷落已久的太原街。此时的他早已抛开了绿茵场的雄心壮志，转而投入到另一个更宏伟的计划：在全国构建万达商业广场连锁网络。

走在太原街上，王健林感受着穿梭的人流，并无心浏览风景，他的大脑在飞速地运转着，历史、现实、文化，以及眼前不断的人流，他的头脑中闪现出了火花：就是这里，太原街嘉阳广场，万达不能错过的商机。

既然发现了潜在的商机，王健林当机立断，找到了在沈阳市和平区的李继安区长，在区长办公室里，王健林表示出了对太原街原嘉阳广场位置投资的兴趣，李区长高兴地说：“好呀，那可是经商的黄金宝地呀。”“不，不是黄金宝地，”王健林笑着摇头，“黄金有价，那是无价的钻石之地，稀罕而且不可多得！多大的投资我都在所不惜！”

在这之后李区长也曾在采访中公开表示，他一直对和王健林的这段对话记忆犹新，而且大加赞赏，他说：“与其他很多商人相比，王健林是有眼光的、敏锐的，只有他真正认识到太原街的价值。”

2002年，万达集团进入沈阳开发太原街万达广场，让南北太原街成为一统，大太原街商业格局瞬间形成。

智慧剖析

谁都希望自己的企业、事业能获得最快的发展。然而有的人奋斗了多年还在原地踏步，或者进步不大，又或者酿成无法挽回的损失，但有的人却能在最短的时间内取得他人无法想象的机会和无法比拟的成就。人们不由深思：他们的差别是什么？

到位不到位，相差一百倍。做事到位的人，永远是把每一项工作都做到最好，而做事不到位的人，永远是做得可以了就行了。

有两个极其爱好文学的青年，其中有一个天赋极高，才思敏锐，另外一个则显得平平淡淡。他们都立志要成为一流的作家。

于是，他们约定十年后看看谁的作品更优秀。

天赋高的那位恃才傲物，有人要求他写几首诗，他总是说：我最近很忙。有人提醒他最近某地有文学大赛，你可以一展身手，他推脱说：我正在准备素材。有人劝慰他说，你应该展示自己的才华了。他无所谓地说：我正在等候时机。有人告诉他，你不能浪费自己的时间了。他回答说：再等等，再等等……

于是，他终日吃喝玩乐，时间久了，笔力自然拙笨，文思也就减退了。最后，竟然到了提笔忘字的地步。

"我本来应该……"

"我本来可以……哎！"

"如果当初……该多好啊！"

而那个天赋一般的青年没有放任时间的流逝，虚心求教，四方拜师，苦心孤诣研究一代又一代成功作家的作品和学术论著。并不断尝试着写自己的作品，不怕拙劣，敢于拿自己的作品向别人请教，虚心接受别人的意见和建议。

十年过去了，他的作品比之当初，简直是判若云泥，受到很多读者的喜爱，也备受同行的推崇，成为著名的作家。

树立了同样的目标，做事总是拖拉的人，即使有再高的天赋也是对生命的挥霍。做事踏实勤恳，每天提高一点，不断地向目标迈进的人，即使平凡也总有一天会成就事业。这就是做事到位与不到位的差距。

决断好了的事情拖延着不去做，还往往会对我们的品格产生不良的影响。人人都能下决心做大事，但只有少数人能够始终如一地去执行他的决心，而也只有这少数人是最后的成功者。

甄子丹在一个广告里说到，差不多成功其实就是失败。所以，我们做任何事，要时刻谨记“做事要到位”。确保做事到位，必须做到以下两点：

1. 谨记：100-1=0

在数学上“100-1”等于99，而在日常生活和工作中，在执行中，“100-1”却可能等于0。如果企业中的每一名员工都能清醒地认识到并严格地规范自己的行为，把工作做到“零缺陷”，那么很多不必要的遗憾就不会产生。

2. 摈弃“差不多”的工作态度，为自己的工作树立严格的标准

在这个世界上，每个人都有自己的职位，每个人都有自己的做事准则。医生的职责是救死扶伤，军人的职责是保卫祖国，教师的职责是培育人才，工人的职责是生产合格的产品……社会上每个人的位置不同，职责也有所差异，但不同的位置对每个人却有一个最起码的做事要求，那就是摈弃“差不多”的工作态度，为自己的工作树立严格的标准。要自觉地由被动管理到主动工作，让规章制度成为自己的自觉行为，为企业创造更大的利润。

3. 不要忽略小事

我们总是忽略了不该忽略的小事情、小细节，从而在接踵而至的小事面前穷于准备，忙于应付。事实上，随着经济的发展，专业化程度越来越高，社会分工越来越细，真正所谓要执行的大事实在太少。比如，一台拖拉机有五六千个零部件，要几十家工厂进行生产协作；一辆福特牌小汽车，有上万个零件，需上百家企业生产协作；一架波音747飞机，共有450万个零部件，涉及的企业单位更多。

第三章 顺势而为，执行不走样

顺势而为，以超强的执行力试到脉搏

在不动产方面，我们还从购物中心进入到高级酒店，一开始也是想做一个试验，后来发现酒店、写字楼、商业中心、公寓组合在一起更受欢迎，所以逐渐差不多每一两个购物中心旁边就会有酒店，特别是好一点的地段，一定会配置五星级或者超五星级酒店。一不小心在五星级酒店方面也做成了全球比较大的，2013年我们可能成为全球最大的五星级酒店业主。

——《王健林：万达的文化牌是怎么打的》

执行策略

对于企业而言，没有失败的计划，只有失败的执行。企业无论制订了什么样的计划，一般都有实现的可能，而更为重要的工作就是怎样把握这种可能，怎样将这种可能变成现实。所以，对企业而言，制订计划只是长征的开始，其更大的精力应该放在怎样保障计划的执行上，执行才是更为严峻的考验。

王健林曾多次说过，万达的发展关键是走好了四步棋，其中第二步就是转型商业地产。在2000年之前，万达主攻的是住宅地产，而且生意做得很顺，但到了2000年时，王健林却决定要转型做商业地产，究竟是什么原因呢？

当时在万达发生了这样一件事，给了王健林很大的启发：有两个和王健林一起创业的老员工，在同一年先后被查出患了癌症和肝病，在那时中国是没有社会保障的，没有医保和各种保险，因此当时大部分的公司对待患病的员工都只有一个解决办法：有钱就帮他治，没钱就只好算了。但是王健林却决定，不论花多少钱也要救治这两位员工，因此最后的结果就是公司花了近300多万将两名员工救了回来。

这件事情对王健林的触动很大，他不禁想到：公司再发展20年、30年之后怎么办？退休的人越来越多，需要保障的人越来越多怎么办？住宅房地产虽然发展前景很好，但有一个不容小觑的特点就是现金流不稳定，有项目销售的时候，公司就有现金流；一旦项目卖完，需要重新买土地，做新项目的投入时，公司的现金流就会下来。而且中国房地产行业经常遇到国家宏观调控，现金流的波动就会更大。因此，王健林认为，如果一直做住宅开发，可能会很难应对今后企业的存亡。

出于这样简单的生存考虑，为了寻求稳定的现金流，万达开始重新探索。万达做过制造业，其中包括很有名的奥的斯电梯以及变压器、制药厂，还做过超市、外贸等。因此2000年的时候，万达决定把商业地产作为企业的支柱产业来发展。

在正式决定之前，企业内部有过长达两三年的讨论，万达决策层普遍认为，土地资源是不可再生资源，越开发越少。做纯粹的住宅地产的企业将会遭受很大的困境，行业会开始萎缩。在欧洲和美国五百强企业排行里没有住宅地产公司，因为住宅开发会有临界点。

因此，在偶然事件和行业必然性的双重刺激下，万达转而“钟情于”商业地产。如今，万达的商业模式越发成熟。最终实现了从被动到主动、从不自觉到自觉的转变。

现在万达商业地产已经开业1300万平方米，在世界行业排名第三，在建的还有2000多万平方米。按照这样的发展速度，到2015年时，万达将成为全球规模最大的商业地产企业。

智慧剖析

顺势而为，执行才能不走样！

海尔集团首席执行官张瑞敏就说过，做企业就是要永远紧扣时代的脉搏。

“如果没有改革开放根本不可能有海尔，同样也不可能有张瑞敏今天所谓的成功。今天踏上了时代的节拍，今天就能够做好，但至于明天能不能做好，这个就很难说。”张瑞敏说，做企业要永远关注时代的变化，要永远抓住时代的脉搏。其实说到底，就是审时度势，伺机而动。

雷军和小米的成功更加有力地证明了审时度势、亦步亦趋的重要性。雷军表示，要做最肥的市场。每次被问到：你们怎么这么厉害？雷军都会说，也许我们的团队不错，产品不错，甚至营销也不错。但是，我认为最最重要的是，我们遇到了一个“台风口”，这个“台风口”就是一头猪都能飞得起来的“台风口”。如果一个企业想获得成功，就一定要在能力的范围里，寻找到属于自己的“台风口”。

那么雷军是怎么找到这个“台风口”，怎么开始做互联网手机的呢？1988年雷军创办金山软件，在20世纪90年代彻底火了一把，但是当1999年互联网大潮开始的时候——或者说互联网这个“台风口”来的时候，当时雷军团队正在忙着做WPS，忙着对抗微软，因此无暇顾及。直到2003年环顾四周，他们才发现自己已经远远地落后了。

在这之后，雷军有过迷茫，有过自我怀疑和自我否定，他考虑了两三年的时间，在2006年，终于明白了很重要的一点：成功靠勤奋是远远不够的，最重要的是要看清形势，顺势而为。

有了这样的想法之后，雷军开始冷静下来寻找下一个“台风口”。因为他自己是手机发烧友，于是很快便发现未来十年最大的机会是移动互联网。雷军认为，互联网是精英的平台，而移动互联网是学生、军人、农民工等草根的平台，所以，这次的浪潮很大的因素，是因为草根人群希望用手机来接触这个世界。

在理解了这一点后，2007年雷军在一家很重要的移动互联网公司——UCWeb一掷千金，也因此成为当年整个移动互联网最活跃的投资者，由此进入了移动互联网行业。

2008年9月Android发布，10月第一部Android手机发布，即HTC的G1。雷军高价买到手使用过之后，他说，在我看到Android的第一眼我就知道一个巨大的机会开始了，这个世界最终会属于Android。

所以，2008年10月雷军正式决定做Android手机了。

变化对企业来说是个时常出现的高频词语。在这个不是你吃就是被吃的商业竞争时代，稍有不慎便全盘皆输的戏码将频繁上演。作为企业，只有审时度势、以超强的执行力抓住试到脉搏，才能拥有变革的本能和创新的勇气，也才能在压力面前不断寻求突破，在挑战中不断自我完善。

做企业就要符合国家大势

可以预见，在今后10年甚至20年，文化产业将呈现出爆炸式增长，成为增速最快的行业之一，文化产业的发展符合国家大势，做企业最重要的一点就是要顺势而行。我觉得文化、旅游的消费在“十二五”期间要净增15万亿到16万亿元。

——王健林谈用商人的思维做文化

非常高兴与大家交流，这是我第一次就万达文化产业作系统演讲。万达2006年进入文化产业，2012年在北京成立万达文化产业集团，成立时注册资本50亿元，资产310亿元，2012年文化产业收入208亿元，在中宣部公布的2012年中国文化企业30强中名列榜首，是中国最大的文化企业。2013年年初，世界著名咨询机构罗兰·贝格发布全球文化企业50强榜单，万达文化产业集团位列第38位。2013年，万达文化产业集团资产将超过400亿元，收入超过250亿元。

万达文化产业涉及十个行业：电影制作、电影放映、大型舞台秀、电影科技娱乐、大型主题公园、量贩KTV、报刊传媒、字画收藏、儿童娱乐、文化旅游城等。其中大型主题公园包括室内主题公园和室外主题公园，室内主题公园有众多万达独创的项目，室外主题公园类似于迪斯尼。万达刚成立了儿童娱乐连锁公司，明年将有一批项目出来。文化旅游城是目前万达在全国重点发展的超大型文化旅游综合项目。

——王健林在《成都商报》成立20周年大型公益讲座上的演讲

执行策略

王健林不是一个理想主义者，而是一个行动主义者。他只是与这个时代高度契合，并最大限度地利用了现有的规则。

2012年6月，万达在北京成立了万达文化产业集团，北京市政府给予了非常优厚的政策，比如融资、土地和进京指标等。“这公司一注册，年产值就是200多亿。那就意味着中国最大的文化航母现在已经在北京了，如果我没有200亿的规模，是个20亿的企业，（政府）会理你吗？”王健林说，做企业一定要顺势而为，看准国家的经济大势，“顺着势做怎么做怎么有”。

进军文化产业是万达顺势而为的一次重大成功。至于万达为什么要转行到文化产业？王健林谈了他的生意经。他认为：文化产业是一个没有天花板的行业，并且文化、度假和消费这三个市场，在未来有很大的增长潜力，据他估计，未来10年，中国文化产业将迎来爆炸式增长，成为发展最快的产业。

此外，王健林还看到，文化产业目前受到的政策保护比较多，面对的国外竞争相比其他行业要少很多。

王健林曾感慨地说：做企业，最重要的就是要符合国家大势，顺势而为。不要违反国家宏观调控政策。而目前，文化产业就是国家大力支持的产业。

万达进入文化产业最早是从电影院开始，因为购物中心里一般都还要配一间电影院，最初万达跟美国华纳院线合作，但由于两方面原因，双方没能合作下去。一是中美WTO谈判规定外资不能控股中国影院，华纳不愿做小股东；二是华纳对中国电影市场做出了误判，眼光不够长远，当时全中国票房只有一亿多美元，他们觉得投资赚不到钱。

和华纳分手后，万达将眼光放回了中国本土，在当时各地做影院的都是国有的广电集团，万达先后和上海、江苏、广东、北京等地的广电集团洽谈合作，万达做业主，他们经营。但因为这些广电集团都是官办且缺少赚钱的动力，最终没有谈拢。

在这期间还发生了一个小故事，当时上海广电集团的总裁很意外地具有创新思想，他觉得这是一笔好生意，便和万达签了协议，也交了保证金。但谁也没想到，在协议签订半年后，上海广电集团换了新的总裁，新总裁完全反对这个协议，坚决不履行。被逼无奈，万达只得自力更生。而中国电影也恰恰从2005年开始腾飞，万达趁势而为，站在了风口上。王健林感叹道，如果中国电影市场今后按每年25%的速度递增，2018年就将超过北美市场。

万达从2005年开始做电影院后，直到2012年，连续每年的增长都超过了35%，即使是在2011年和2012年，宏观经济有所放缓，也依然保持了超过30%的增长。因此有人说，中国现在出现了一个有意思的现象，不管谁干电影院都不会赔钱了。

智慧剖析

纵观王健林的发家史和万达的扩张之路，不难看出，在当今时代，要想脱颖而出、拔得头筹，企业家要具备政治家的视野和哲学家的头脑，不光会“实干”，还得“精干”。

每一个企业能否在每一次的转型中生存下来，实现又好又快地发展，关键就在于企业家自身素质的转型。

如何做好企业家自身素质的转型？大体包括以下三个方面：

第一，具备政治家的视野

政治家看待问题往往是从一个更远的视野、更深的思维、更大的系统。这个系统包括了政治、经济、文化、科技、教育、民生、环境等多个子系统，而企业只是经济这个子系统中的一个元素。就经济而论经济，必然难以摸准中国经济政策的变化趋势。

例如，很多房地产开发商抱怨政府的限购限贷政策，认为不应用行政手段干预市场，这就是“就经济论经济”的典型表现。站在政治家的角度，房地产开发不过是经济这个子系统中的一个重要元素。当房地产市场的发展影响到经济失衡，甚至影响到国计民生这个大系统稳定的时候，必然要调控。

企业家在中国一定要知国情、懂政治，要具备从更高更大的系统去看问题、分析问题和处理问题的能力，只有这样才能看清中国经济政策的变化趋势，才能顺势而为，占得先机。

第二，要有哲学家的头脑

哲学是“明白学”“智慧学”和“聪明学”，是打开任何领域的总钥匙。若仔细研究美国著名管理大师彼得·德鲁克的管理学著作，便会发现他一直在用哲学的基本原理，不厌其烦地阐述管理学的基本道理，其经典著作都是辩证法在企业管理实践中活学活用的经典，处处充满着哲学思维的智慧。

企业家应具有的哲学思维的核心是对立统一的辩证法则。任何事物都是由矛盾构成的，蕴含着正反两个对立面的统一。掌握了构成事物的主要矛盾，就掌握了事物运行的规律。老子在两千多年前就提出了“反者道之动”。“道”，即宇宙万物运行的规律。意思就是说，只有随时随地都能看到问题的对立面，才能把握事物运行的规律，使“道”为我所用。否则就为“道”所困，陷入被动。

例如，当多数人都说一件事情可行的时候，作为企业领导者和最终决策者，要能够看到可能存在的风险；当多数人都说不可行的时候，领导者则要看到可能蕴含的机遇。再如，当很多人都给某员工差评时，领导者要能发现这个员工的独特优势；很多人都对某员工交口称赞时，领导者也要慎思“好评”背后的深意，看清其存在的不足与缺陷。

一个具备哲学思维的企业家，才会是一个优秀称职的企业高管的领队，这正成为新时代管理的主流。

第三，要精干

普遍来说，企业家都是实干的，但唯独缺少“精干”。其实，企业家的位置是很微妙的，要么下属阿谀奉承，难听到真话；要么下属对其极为畏惧，不敢实话实说。一个企业家，如果处理不好上下级关系，就很容易栽跟头。这样的案例不胜枚举。

仔细观察一些成功的企业家，会发现他们都很善于听到“真话”。究竟是如何做到的呢？一方面，企业家要有听真话的勇气和胸怀；另一方面，还要有外脑，俗话说“当局者迷，旁观者清”，真话往往来自圈外——可以是专家学者，也可以是外部诤友；可以是具体项目的咨询，也可以是普通的聊天沟通。越是在做出一定的成绩后，就越要在“精干”上下功夫，避免盲目自大。

纵观国内，改革开放以来，凡是真正把企业做强做大的成功企业家，在这三个方面都做得很好，个人素质都很均衡，堪称表率。在瞬息万变的信息大爆炸时代，面对知识的碎片化、观点的多元化、秩序的重构化，企业家只有在这三个方面做好个人素质的转型，才能拥有清醒的头脑，不断作出正确的判断，为企业的转型与发展创造成功的前提。

快中求稳，执行不走样

在外人看来，一年开20家店已经很了不起了，其实如果我愿意，一年开40家也是有可能的，有钱、有地。但我给发展部门下了个规定，3年之内，每年开店不准超过20家。

——王健林谈风险控制

执行策略

随着万达规模的扩大，管理难度也相应增加，由此带来的企业经营风险也就越大。正因为如此，王健林特别强调在企业资产规模变得越来越大的时候，更应该加强风险控制意识。万达追求的是均匀的高速直线运动，而不是高速曲线运动；不是忽快忽慢，而是稳健发展、高效益的速度。

万达的风险控制举措主要有三步，也被称作“三步曲”：

举措一：保持团队稳定是人力资源工作的核心

王健林常说，万达发展的短板是人才，因此人才的培养是万达格外看重的。以2010年为例，上半年万达共招聘员工4685名，其中高管179人；员工总数达到1.83万，其中高管595人，年底员工总数将近3万人。集团员工平均年龄28.6岁，高管平均年龄40.1岁，这说明万达尽管已有20多年历史，却依然保持着青春活力。

近年来，万达人力资源的短板逐渐被补上，人力资源紧张的局面逐渐缓解。

（1）由项目等人变成人等项目。以前万达常常是项目开工之后总经理还没有到位，但现在包括总经理、副总经理在内至少有几套班子备在那里，变成了人等着项目。

（2）可以进行高管优化。以前万达都是只要找人填满就行，想调整优化也没有合适的人，只好将就着用。但是如今王健林主张人力资源部要加强对高管的考核，对于表现一般或是难以胜任的高管，可以进行调整优化。

（3）建立万达学院。万达学院是万达软实力的证明，在2011年开学后大大提升了万达的核心竞争力。

举措二：通过快速销售提升团队效率

万达相信，解决困难最好、最有效的钥匙就是狠抓销售和回款，在销售方面主要需要做好以下三件事：

（1）解决无所作为的思想。受宏观调控的影响，万达有一年的销售量持续下滑，但一些员工甚至领导认为销售下滑是正常现象，甚至提出要调减工作目标。但是万达的决策层关键时刻悬崖勒马，及时扼制住了这种无所作为的思想，决策层认为大形势我们无法改变，但在局部市场，通过自身的主观努力是可以改变局面的，有作为和无所作为，结果必将截然不同。

（2）创新营销方法。为了解决销售量下滑的现状，万达在销售顺序上做了创新，改先住宅后商铺为先推商铺、写字楼、公寓，再推住宅。对于住宅促销，则出台了A、B、C三个版本的精装住宅标准，大幅增加精装房比例，提升品质。

（3）改革奖励办法。为了配合销售，万达出台了一系列新的奖励办法，提升了副职高管和普通员工的奖金基数。事实证明，销售抓和不抓，结果不一样；狠抓和一般性的抓，结果也不一样。在狠抓销售的同时，万达也极其重视安全生产的管理。万达要求所有开业的店铺，每年至少搞一次实战演练，以便在关键时刻发挥作用。

举措三：积极履行企业社会责任以打造企业良好形象

万达的企业形象一直很好，负面新闻极少，是中国为数不多的颇受尊敬的企业之一。

（1）纳税大幅增长。诚信纳税是企业社会责任的重要方面，万达的纳税额和销售额一直保持同步增长，说明真正做到了诚实纳税。

（2）捐款额增加较多。王健林说，财富的本质是用来帮助别人。万达要求所有员工，每人每年至少做一次义工，每次一个小时。义工内容不限，种树、扶贫、捡垃圾等都行。王健林认为，即便这样用处不大，但坚持做的目的就是对员工的心灵进行洗涤，明白人生的坐标和参照值不能只是银子、房子、车子等，还应该有更高的追求。

即便是在万达高速增长的时期，王健林也依然保持着清醒的头脑，他非常清楚：大企业看管理、看风险控制能力。只有严格控制经营风险，才能保持稳健的经营并取得显著的业绩，实现万达“百年企业”的最终目标。

智慧剖析

近年来，越来越多的企业出现大面积的亏损，特别是一些曾经风风火火闯九州迅速壮大的企业，如巨人集团、南德集团等明星企业，更是以超过当年成长的速度急剧败落下来。究竟是什么原因让这些昨天还是名满中华的明星企业，今天却比别的实力远不如它的“蜗牛”企业更加急速衰败呢？答案就是，他们在追求发展速度和规模的同时，忽视了低风险的控制和稳健的经营管理。一旦用力过猛，势必步伐踉跄，甚至跌倒。

因此，只有把稳健经营、控制风险提升至发展日程的企业，才会实现健康稳健的发展，获得显著的业绩。

2008年，经济风暴来袭。在美国道琼斯工业指数狂跌34%，创下了自1931年以来最大跌幅的情况下，成分股中仍有两支股票逆势增长，这就是沃尔玛和麦当劳。

即使受到美元走强和美国国内暴风雪恶劣天气的影响，沃尔玛仍保持着正向的增长，尽管其第四季购物季也受到了消费力下降的影响，收入比预期低了1.1%，但业绩仍远超其他零售企业。与此同时，麦当劳的发展也未让人感受到多少寒意，它的海外扩张之路仍在继续，至2008年年底，它已在广东东莞开设了其在中国的第1000家店。

与其他侧重直营，把加盟当作外快的连锁品牌不同，Subway赛百味除了唯一一家研发实验店是直营，全球其他店均为加盟店。目前，Subway赛百味在全球分店已经达到了4万家，Subway赛百味是如何管理如此数量庞大的加盟商的？Subway赛百味之所以成功，除了其对产品的高要求外，更重要的是它对稳进这一经营目标的不渝追求。

Subway赛百味加盟店的成功率一向很高，这也使想加盟Subway赛百味的人越来越多。

有调查表明，平均三个月内，中国就有1800多人表达了想要加盟Subway赛百味的想法。但创始人托马斯在致谢的同时也表示不会完全接受他们的加盟请求，“我们只会挑选合适的人来做我们的加盟商。”尽管目前在中国60万~80万元人民币即可开一家加盟店，但对于加盟商的甄选，Subway赛百味在乎的不只是经济实力。

Subway赛百味在筛选加盟商的过程中非常重视申请加盟者人格的测评，

以此显示出这个人未来做生意的特质。加盟商需要经过区域代理的面试，而区域代理又需要经过总部的面试。“现在我们对加盟商的要求越来越高，也就是说加盟的门槛在提高。比如说你一点英文都不懂，我们是不会要的。”现在Subway赛百味加盟商的年龄越来越年轻，素质越来越高，教育背景都很好，都愿意为把加盟店做好而动脑筋，托马斯表示，“这很让人振奋。”

Subway赛百味至今没有上市，以后也不会去上市，托马斯表示这是因为如果上市的话目标是按月评估的，受投资回报的影响，企业就很容易急功近利，从而出现重量轻质的“大企业病”，出现隐性的成长危机，成为日后进一步发展的绊脚石。

“Subway赛百味48年来都没有变化，这么长的历史看得出，我们的目标并不是为了很快赚钱，而是要稳定成长，不断变强，稳步扩张。”托马斯坚定地说。

不难看出，对于追求稳健经营、注重风险控制的企业而言，危机中存在着大把的机会。“在别人贪婪的时候恐惧，在别人恐惧的时候贪婪。”巴菲特的逆向思维法值得学习，它让我们在危险中发现机会，在风险中保持稳健。

别把命运系在他人身上

我们做了几个万达广场以后就发现问题来了，这种项目国内没有一个设计院能做好，他们主要是设计住宅或者百货店，不会设计购物中心，我们只能去请澳大利亚、美国公司来设计。这样带来的问题，一是设计费用高，二是设计时间长，跟不上万达的发展速度。我就思考，如果把商业地产作为我们的终生追求，作为企业的核心价值，就一定要有自己的规划设计院和管理公司，不能把自己的命运拴在别人的裤腰带上。

从2006年，万达成立了自己的商业规划院。万达商业规划院是目前全国唯一的商业规划院，专门从事购物中心和五星级酒店设计。商业规划院有200多人，可以独立完成购物中心和五星级酒店的设计，从建筑、结构，到装饰、机电等都能完成。这样不仅节省成本，更重要的是万达拥有自主知识产权，掌握核心竞争力。

——《王健林：清华大学演讲》

执行策略

2012年4月25日晚，王健林应清华大学之邀请，登上清华大学经济管理学院企业家讲堂，发表了“创新与竞争优势——以万达为例”的演讲。

在演讲中，王健林提到在万达转型商业地产的初期，发现在国内很难找到能够设计万达广场的设计院。在当时，设计院大多是设计住宅或百货商店，不会设计购物中心。无奈之下，万达只能向国外求助——请来澳大利亚、美国的公司来设计，但是这样带来的问题也不可小视，不仅设计费用高，更重要的是设计时间过长，难以跟上万达的发展速度。

王健林没有坐以待毙，他心想既然万达有意把商业地产作为终身事业，就一定要有自己的规划设计院和管理公司，不能总是把自己的命运拴在别人的裤腰带上。

想到这里，他便采取了行动，于是2006年万达商业规划研究院有限公司成立，这也是当时全国唯一一家从事商业项目规划设计，同时进行全过程管控的技术管理和研究机构。万达商业规划研究院擅长商业业态规划及大型购物中心、五星级酒店等大型公共建筑设计，是万达集团的技术管理部门。

规划院成立后，对万达广场的快速发展起到了强大的支撑作用。王健林说，企业管理中说三流企业卖产品，二流企业卖品牌，一流企业卖标准。万达商业规划院先后为国家公安部、住建部、商务部制定了中国购物中心的消防规范、评价标准、管理标准等，体现了万达在行业中的地位。

武汉的楚河汉街项目，经王健林修改的规划图就有22版。如今规划院已经从最初的10人发展到400多人，这个部门依旧是万达最忙的部门。“2011年我只过了两个完整的周末。”万达规划院院长赖建燕说。

关于万达规划院的水平，从它拥有的专利可窥一斑。武汉汉秀中有一个重200吨的机械臂，要举着3个7吨重的LED显示屏自由移动、组合。“最初这个机械臂是请顾问公司做的，但觉得不好。后来是我们规划院特种机械所自己研制的，并且造价、安全性、工期都更优。”王元说。除了机械臂，汉秀的水下机械系统，也是万达的专利产品。

万达商业规划研究院的员工均为兼具建筑设计及房地产公司商业管理经验的复合型人才。其中，各专业注册人员占员工总数的50%，在全国大型设计机构中比例最高；拥有高级技术职称者占员工总数的29%；研究生以上学历者占员工总数的25%。万达商业规划研究院成为了万达的核心竞争力之一。

万达商业规划研究院始终秉承“求实、求是、求精；安全、品质、节能”的理念，以不断提升管理和技术水平为目标，不断朝着成为商业规划设计领域具有国际影响力的专业机构而努力。

智慧剖析

马云曾经说过，理念如果不落实在行动上，只是一堆废纸。“一打纲领不如一个行动”。说一千道一万，关键在行动。落实是根本，没有行动，任何口号都没有意义。所以，在日常工作中，我们不能只说不做，而是要把行动真正落实到行动中。

当企业赋予你一项重任时，一方面要锁定目标，另一方面要落实在行动上，只有这样，才能做出符合老板期待的结果，千万不要没有目标，瞎忙一气，也不要只讲目标没有行动，让目标在口号声中落空，只有按照目标把任务落实在行动上才能做到尽善尽美——只有如此，才能确保自己能够高标准地将企业交代的任务做好。

1. 制定明确的目标

有了清晰的目标，即使你在做一件微不足道的事情，都会变得有意义。有使命感且事业有成的人，都有两个共同的特点：一是明确知道自己事业的目标，二是不断朝着更高的目标前进。目标的意义不仅仅是目标本身，它更是一个人行动的依据。当一个人一心向着自己的目标前进时，整个世界都会为他让路。

正如哈里所说："取得成功的唯一途径是努力工作，并且对自己坚信不疑，世界上并没有什么神奇的魔法可以将你一举推上成功之巅——你必须有理想，你必须有信心——遇到艰难险阻设法去战胜它，你要付诸行动。"确立一个适合自己并具有可行性的目标，摒弃杂念，沿着自己设定的路线走下去，就一定能到达成功的彼岸！

2. 专注做事，专注行动

一心一意地专注于自己的工作，是每个责任落实者获取成功不可或缺的品质。只有将光与热聚焦到一个点上，才能产生最大的力量！不专注的结果是分散工作的能量，致使工作效果趋于平庸。一个卓越的落实者一定能够把他自己完全沉浸在他的工作里。

因为专注，我们会对自己的目标产生虔敬之意；因为专注，内心中会泉涌般滋长出创造的快感与灵魂的愉悦；因为专注，我们会更容易逼近成功的内核。当你能够一心一意去做每一件事时，成功就会在不远处向你招手。

中篇

统筹资源，率先领跑

——方法促进落实，制度保障执行

从企业的角度来说，好的战略是非常重要的，但若没有强大的执行力去完成它，这个战略也只是一纸空文。

执行力是一种决胜力，只有执行力才是真正直接对结果产生作用的力量。执行力的好坏，可以决定一个企业的命运。所以企业要通过一定的方法和制度来保障战略的执行和落实。

第四章 借力执行，将目标落实到底

站在巨人的肩上来吸引人流

万达决定做商业地产后，第一个想法就是傍大款。在这之前，万达也做过一些收租物业，有七八个小型商场和酒楼，但经常欠租，逼得我们成立了一个收租队。为了防止这种现象，我们提出，收租物业一定要找实力强的租户，要向世界500强收租，并且决定从沃尔玛开始。

我就约沃尔玛主管发展的副总裁，约了很长时间才见上面，他们听完我的想法就笑，这是一种轻视的感觉，可能想这么小的公司怎么敢提出和沃尔玛合作。我就反复跟他讲，我们有好的条件。最终他们同意先不谈合作，先做一个项目试试。然后我又亲自去深圳，数次游说沃尔玛亚太区首席执行官。历时半年多，前后几十次的游说，沃尔玛终于答应和我们在长春合作第一个万达广场。我们想方设法把项目干好，让沃尔玛觉得可行，于是继续跟我们合作。干到第五个万达广场的时候，沃尔玛同意跟我们签一个战略合作协议。我们拿着这个协议，开始“忽悠”更多的跨国企业跟我们合作，也包括国内的苏宁、国美等，这些品牌在早期对万达广场发展起了非常大的作用。站在巨人的肩膀上，可以看得高、走得快，所以这个战略是成功的。

——《王健林清华大学演讲》

执行策略

没有人可以靠一己之力取得成功，再聪明、再能干的人也需要借助他人的力量。王健林就善于借势。2002年，万达尝试向商业地产转型，首先想到的便是要与世界500强公司合作。

但是当年想拉世界500强的沃尔玛入伙，实非易事。“当时沃尔玛很牛的，我要约他们一个主管发展的副总裁都约不到，后来是通过友谊集团的老总才终于见到的（当时沃尔玛跟大连国有企业友谊集团开了一家合资公司）。我就跟他一通忽悠，你们既然能来大连扩张，肯定也会想去其他地方，友谊集团不会出去，但万达在全国将近30个城市有分公司，我可以在好的城市选位置跟你们合作。”

在商谈了两三次后，沃尔玛的副总裁还是无意拍板。无奈下，王健林又想办法见到了当时沃尔玛亚太区的首席执行官钟浩威：“我跟他也谈好几次，熟悉之后，‘老钟头’终于松口，说咱们先也别说战略合作了，先搞一个，看看情况。”

因此，在2004年长春万达广场开业时，消费者们便看到了沃尔玛的招牌。随着万达广场经营业绩的节节攀升，让最初将信将疑的沃尔玛也打消了疑虑。趁热打铁，很快沃尔玛便又和万达合作了5个项目，事实证明这5个项目也都挺火，“从第三年开始没说的了，我们的合作虽然还要一店一报，但容易多了，沃尔玛基本上就跟着万达走了。”

有人不禁要问，在当时既然沃尔玛那么“牛气”，王健林为何一定非要知难而上呢？“中小店铺的特点是‘可以同甘，不能共苦’。这种店铺好的时候没有问题，商家挖空心思想进来，甚至是行贿也要进来。但是在培育期，或者之后出一点问题，这种店铺就容易出现关门走人，影响购物中心的整体氛围；如果是大的主力店，它进来后要进行较大的设施投资，不可能遇到一点困难就撤出，这种主力店稳定性较好。所以万达在招商中，通常要拿出较多的面积，安排大大小小的主力店，起着稳定场子、增强号召力的作用；剩下的那一部分再给中小店铺。这样才使购物中心做到一开就比较稳定，或者说即使遇到困难，不至于关掉。这是万达从多次失败中总结出来的重要经验。”

王健林很早就发现，在美国的购物中心里，有50%的主力店主要是百货、超市这两种业态，对于主力店，大多数地是白送的，有一些甚至连店铺也是送的，即便有租金也是极低的。那为什么地产商还要把他们拉进来呢？答案很简单：要靠他们来吸引人流。

在抱住了沃尔玛的大腿后，2005年，万达又和国美电器结成了同盟关系。国美是中国最大的家电零售连锁企业，身处行业领先，但其最大的竞争对手苏宁电器自从宣布计划在2005年新建150家门店，并开始尝试经营面积超过一万平方米的大店，面对对手的步步紧逼，国美也必须在经营规模和内容上去突破。万达的出现便是雪中送炭。

考虑到国美在业界拥有的广泛声誉，其品牌知名度对带动消费者有重要影响，又是新手，对地产商的要价不高，万达果断选择结盟，不止多到手一个知名品牌，更是增加了一个与其他主力店竞价的砝码。可以一举两得，皆大欢喜。

一个人像一块砖砌在大礼堂的墙里，是谁也动不得的；但是丢在路上，挡人走路却是会被一脚踢开的。在商业社会，独行侠不再是一种勇气和风骨，更多的是一种稚气和愚蠢，唯有合作共赢，才是明智之举，才是攫取成功的良方。就像王健林所说的，只有站在巨人的肩膀上，才可以看得更高、走得更快，所以“傍大款”“借东风”的战略是非常成功的。

智慧剖析

星云大师说：“每一个人都需要有财富，尤其在经济重于一切的社会，如果没有金钱财富，生活将十分艰苦……广结善缘是增进财富最方便的方法。讲好话、对人微笑招呼、帮助别人解决困难，随手功德，就能与人结下好缘。”

那么如何让自己的善缘更加有“生产力”呢？每个人的时间精力都是有限的，要想比别人更快更好的成功，广布善缘时就要有的放矢，取得超高的回报率。具体而言，可以从以下几个方面入手：

1. 筛选

就像打扑克的“埋底牌”，把有用的留在手上，无用的埋掉。我们可以采用把有直接关系、间接关系或没有关系的分别记录。

2. 排队

就像打扑克的“理牌”，对认识的人进行分析，看哪些是重要的，哪些是比较重要的，哪些是次要的，根据自己的需要排队。由此可以根据不同的级别进行有重点的维系和呵护。

3. 对关系进行分类

生活中涉及的关系可能是方方面面的。有的关系可以帮你办理相关手续，有的能帮你出谋划策，而有的则能提供信息。虽然作用不同，但都有作用。

4. 随时调整

世界上的一切事物，都处于不断地运动、变化和发展之中，人际关系也是如此。需要不断检查、修补和调整，尤其是针对个人的发展、环境的变化或关系网人员的情况进行及时的调整，构筑最新、最有效的关系网。

在实际生活中，需要调节人际结构的情况一般有三种：

（1）奋斗目标的发展。也许你的奋斗目标已经实现，也许你的奋斗目标变了——比如弃医从文，这需要你及时调节人际结构，以便为新目标有效地服务。

（2）生活环境的变动。在当今这样的信息社会，人口流动性空前加快，本来在甲地工作的你，忽然到乙地去工作。这种环境变动，势必引起人际结构的变化。

（3）某些人际关系的断裂。天有不测风云，朝夕相处的亲人去世了，在伤痛的同时，不能不看到人际结构的变化。

可见，调节人际结构有被动调节和主动调节两种，不管是何种调节，都要求我们能迅速适应并经营新的人际结构。

把优势最大限度地发挥出来

同样造汽车，一说丰田、本田，马上想到是两个完全不同的公司。车其实都差不多，但设计、营销、服务和文化的差别经过长期积累，就产生巨大的品牌差异。最高的文化竞争是精神层面，在有形无形之间，有就是无，无就是有。万达现在已经进入品牌竞争阶段，但还没有达到文化竞争，这是我们奋斗的目标。

——万达学院开学典礼

执行策略

每个企业都有各自的特色和代表着当地先进营销的经验和优势，成功的品牌推介和宣传就是要把自身优势最大限度地发挥出来。

2012年6月3日，福州仓山万达广场国际5A甲级写字楼全球启幕仪式在福州金融街万达广场威斯汀酒店举行，由央视主持人张泽群主持盛典，性感主播柳岩现场助阵；6月10日，秦淮、宋鸿兵、陈宏伟、陈亮、刘福泉等重量级专家学者齐聚福州香格里拉酒店，“对话万达中心·执掌资本核心”论坛拉开帷幕；6月14日，福州仓山万达广场国际5A甲级写字楼盛大开盘，300套房源在2个小时之内被哄抢一空……“密集轰炸式宣传，定位高端的论坛，简洁快速推盘，贴近市场的价格体系”，一业内人士对万达的营销模式作出如上概括。

2013年9月22日，万达投资300亿元建设的全球投资规模最大影视产业项目——青岛东方影都影视产业园区举行启动仪式。国家广电总局副局长童刚、青岛市委书记李群、市长张新起、万达集团董事长王健林，以及国内外多位知名影星纷纷到场。

在项目启动仪式现场，美国奥斯卡学院主席爱莎克、前主席霍克、首席执行官哈德森，美国电影协会首席运营官迈克尔·罗宾逊，美国索尼影业、华纳兄弟、环球影业、派拉蒙、狮门影业、韦恩斯坦影业董事长或总裁，中国华谊兄弟、光线传媒董事长、美国CAA、WME、UTA、ICM世界四大艺人经纪公司董事长或总裁，中国电影家协会主席李前宽、党组书记康健民悉数到场。此次还特别邀请到国际著名影视巨星莱昂纳多·迪卡普里奥、妮可·基德曼以及国内一线影视明星如章子怡、李连杰、梁朝伟等人。

众多影视行业大腕、明星齐聚青岛影都，如此高强度的宣传力度除了家底殷实的万达能够把握外，地产界怕鲜有第二人。

据悉，青岛东方影都位于青岛市区西部，是一个以影视产业为核心，涵盖旅游、商业等多种功能的大型综合性文化产业项目。项目占地376万平方米、总建筑面积540万平方米，包括影视产业园、电影博物馆、影视名人蜡像馆、影视会展中心、汽车极限秀、万达文化旅游城、度假酒店群、游艇俱乐部、滨海酒吧街、国际医院等多个项目，是世界唯一具有影视拍摄、影视制作、影视会展、影视旅游综合功能的特大型影视产业园区，计划2016年6月项目一期开业，2017年6月影视产业项目全部建成开业。

万达广场和万达影都的高知名度很大程度上仰赖于其强势的宣传和品

牌推介，万达在这方面的实战经验，为它后续的发展和扩张打下了坚实的地基。

智慧剖析

企业要在公众面前树立起一个良好的形象，就必须做好公共关系和宣传。公共关系是企业的一种有效的营销传播手段，它在企业与消费者、与公众之间建立起了解、信任的关系，并通过这种关系树立企业的形象，进而带动企业产品的销售。

与公共关系紧密相连的一个概念就是公众。古话说“水能载舟，亦能覆舟”，对企业来说，公众就好比流水，企业就好比水上航行的木舟，既可由流水托起并推动，同时也能被流水所颠覆。企业若想要顺利远航，那就必须要熟悉“水性”，要能获得公众的理解、认同与支持。

所以，作为企业的公关部门，需要做好五项工作：

第一，建设好与媒体的关系。用“成也媒体，败也媒体”这句话来形容媒体的重要性是一点都不为过的。一个企业、一个品牌的成功，离不开媒体的宣传与追捧，而企业的负面新闻与事件，也往往经由媒体传播开去。所以，公关部门必须与媒体维持良好的关系，用最正面的形式展示关于企业的新闻和信息。

第二，产品宣传。公关部门作为企业的一个组成部分，其终极目标必须与企业的终极目标保持高度一致，企业需要将产品推销出去从而获得赢利，公关部门也必须担负起这一使命。

第三，公司信息传播。企业需要获得公众的认知与理解，而要做到这一点，公关部门就必须通过内部与外部的信息传播，引导公众深入地了解企业。

第四，游说。这主要指的是与政府、与立法机关、与行业的规则制定者打交道，以促进或者阻止某些规定的出台。

第五，咨询。公关部门应该是最了解公众、最了解舆情的部门，当企业面临良好的时机或者困难的处境时，公关部门要能够就事件问题向管理层反馈信息，并提供建议和方案。

借助媒体扩大影响力

中国房地产泡沫我觉得是被外国的媒体，或者中国的媒体，特别是外国的学者放大了，因为他们来看中国都是站在美国、站在英国、站在巴黎，站在那些地方来看中国，他们不是真正的身处在中国，在这儿生活十年或者几年，或者跟这个行业的人成天打交道，再一起来做出这个判断，这些知名学者很少到中国来的，来了就是走马观花遛一趟，回去就发布了对中国全面性的一个论断，认为中国大的泡沫马上就要破产了。

——王健林“夏季达沃斯论坛”答记者问

执行策略

如何看待媒体在商业活动中的作用？不论答案如何，有一点是毋庸置疑的：媒体对商业活动来说至关重要。普遍来说，商业场所的营运活动，在完成了内部资源整合、有吸引力的策划之后，接下来要做的就是广而告之，让更多的人知道并参与其中，这时就需要借助媒体来进行大众传播，以提升活动效果。因此，只要充分发挥媒体的作用，让其为我所用，就可以创造出更大的商业价值。

每逢节假日，万达在全国各地的商业场所都会结合广场内的营销活动，进行相应的广告以及新闻宣传。以南京建邺万达广场为例，2010年的营销推广费用中，有近一半都用在了媒体宣传推广上，投入不菲的背后，回报也是有目共睹的。可见，只有与媒体实现有效互动，才会产生“花小钱办大事、不花钱也办事”的效果。

作为广告主，万达广场需要面对众多的媒体。如何与众多媒体实现良性互动，并产生最大的效果，以南京建邺万达广场为例：

1. 电视

电视可谓现代广告的主角，也更多地贴近大众，因此，和知名频道的特色栏目形成互动也成了万达宣传营销的最佳选择。在南京万达金街首批商户入驻活动中，结合街区内餐饮商户多的特点，万达和南京当地最具影响力的美食类电视节目——《标点美食》合作，在街区内举办了一场由50多位餐饮投资者参加的“南京餐饮高峰论坛”，虽然由电视台主办，但议题、节奏、参与成员完全按照万达事先的要求实施，达到了一般广告难以达到的良好效果，因而吸引了众多有意向的商户纷纷来电咨询。万达对这次活动支付的费用还不及5万元，却得到了超过十次的宣传报道和一次的专题，可谓回报超值。

2. 广播

广播的时效性最为明显。万达广场与城市的传统商圈还有着一定的空间距离，消费群体中有车一族占了很大比重，因此，利用广播这一传播手段是非常有必要的。在南京，万达主要选择FM102.4交通台，利用其针对性强的特点，在整点报时等栏目中传递万达广场的相关活动信息。

3. 网络

在信息满天飞的互联网时代，网络是互动性最强的年轻媒体。万达除了重大节假日会发布一些首页广告外，还会利用网络互动的特性，主动派专人在西祠、365网站等本地热门网站的热门讨论版中“灌水”，并和“版主”

建立良好的私人关系，充分宣传广场的活动信息，同时，也收集网民对广场的建议和反馈。

4. 报纸

从当下的职业和教育程度来看，阅读报纸的人数也相当可观，2010年6月，建邺万达广场举办年中庆活动，在活动前期，广场就对南京当地的《现代快报》和《金陵晚报》的“端午特刊”主题进行了充分了解，除拿到了“买半送半”的费用优惠条件之外，还结合策划主题，将广场的促销信息加以包装，巧妙融入到整体宣传推广中，起到了良好的效果。

智慧剖析

今天，你靠什么获取信息？电视、报纸等传统媒体还是微信、微博等新媒体？如果你还在传统媒体上原地踏步，那么就要小心了。随着互联网技术的提升，传统媒体已日渐式微，一个以各种新兴通信和传播工具为基础的新媒体时代早已崭露头角。随着年轻力量的壮大，这个趋势必将演变成为巨大的浪潮。毫无疑问，顺势而为才是所有企业制定营销策略的唯一选择。但是，如何才能做到呢？

从众多企业兴衰成败的实践中，以下几条新媒体时代的营销规则值得借鉴：

规则1：个人化

众所周知，营销其实就是为企业设计完美的“品牌人格”。和客户的沟通就像是一场真正的谈心——你敞开心扉，想听到的也是自然、轻松、本性流露之人娓娓而谈，而不是做作地装腔作势。因此，与其煞费苦心为企业设计一个精致的公众形象，倒不如直接在企业内部设定一位真诚实在的人来代表企业。这样，客户听到的内容也会是真实坦诚的，且更具说服力。

如今，使用真人来代表企业，最简单的方法之一就是为他们建立博客。

可以让企业的CEO建立一个博客，在上面代表企业对外发言，也可以找一名杰出的员工代言企业。

规则2：开放性

企业往往会对传达给市场的信息进行严格控制。但是，真正的沟通并非自言自语的独白，而是你来我往的交流。只有当你坦诚地与客户对话时，才能既赢得客户信任，又获取重要的市场情报。

怎样才能开展坦诚的对话呢？对客户，我们要积极诚恳地争取反馈，并认真听取客户建议；对员工，我们应该以开放的胸怀传递即使是对自己不利的信息；对竞争对手，则要表现得更加坦然。

规则3：趣味性

在过去，一旦设计好了自己的品牌和准备传达的信息，就会立即着手研究如何将这些信息“投放”到影响力最大的媒体中去。但是，我们很难知道这些投放的广告中有多少是真的有效，有多少是重在参与、打了水漂。

如今，许多企业都在寻求另一种更加有效的办法：不再去寻找适合做广告的媒体，而是试图开辟自己的媒体空间。有三种方法可以让内容变得有趣，由此可以建立的空间也分为三种类型：可以展现个人和企业专业知识和信息的专家空间；激起受众共鸣，并给他们以鼓舞的激发空间；以及授权客户来创造有趣内容的授权空间。

规则4：与客户同在

一直以来，营销开支中最重要的决定性因素是到达消费者所耗费的成本。其实，与其关注成本不如关注成效。最重要的可能并不是达到他们的成本，而是我们到达他们的地点、时间和方法是否恰当。我们更应该多花些时间，跟随目标客户并融入他们的生活，在他们需要的时候出手相助，和他们建立亲密的关系。

规则5：快捷性

传统的营销通常会包括一些大型的产品发布活动。而这些活动一般意味着许多个不眠之夜以及紧张的倒计时。若最终一切都很顺利，那么皆大欢喜。但一旦出现闪失，则很可能是满盘皆输。

但是现在，拜技术发展所赐，我们终于可以不用把所有的赌注都押在一次大型发布活动上。而拥有了更多快速反应和持续调整的时间和空间。行动的第一步就是把需要推广的创意或产品展示出来，进行开放式的试验。仅仅秀出产品或概念还远远不够，更重要的是要根据市场的反馈迅速做出修正。只有这样，才能在学习的过程中得到持续改善，并持续精进。

虽然所有的这些规则并不能100%保证适用且完美——但是它们绝对值得一试。在这个纷乱狂热的世界，无论身处哪个行业，勇敢一点迎接改变、让自己稍稍走远一点不仅是令人兴奋的，也是势在必行的。

用业余爱好助力企业营销

记者：足球、房地产、零售业、艺术品成了你手中的多张牌。足球曾使万达扬名天下，现在艺术品收藏又提高了万达的企业品位。足球与艺术，在这一动一静的不同领域里，万达都做得很成功，被世人称道。

王健林：一般说体育追求的是拼搏精神，而艺术追求的则是心灵享受和另一种精神境界，我认为两者是相辅相成的。对于一个企业的发展而言都是需要的。

最初的目的只是为了喜好而收藏，这些年生意越做越大，而多年前那份对文化的敬仰和热爱至今未变。

——王健林谈收藏

执行策略

在继足球、电影后，万达又将投资的目光瞄向了艺术品市场。

2013年11月，经历了30多轮的竞价后，万达击败了来自欧美、俄罗斯的众多收藏家，以2816万美元（约合人民币1.72亿元）的高价将世界大师毕加索的名画《两个小孩》纳入囊中。《两个小孩》创作于1950年，是毕加索画作成熟期的名作，极具收藏价值。

值得一提的是此成交价也刷新了中国企业购买西方绘画作品的最高值。这一拍卖会上为数不多的亮点，让王健林第二天成功登顶国内外新闻媒体的头版头条，"新晋首富为兴趣一掷千金"，其背后的收藏帝国也一并曝光，人们看到了王健林除成功商人这一身份外，作为收藏家的另一身份。

万达艺术品收藏负责人郭庆祥透露，此次投资只是万达购买海外艺术品的第一步，未来万达还将购买更多的西方艺术品，并会将这些作品汇总举办画展。

事实上，这并非万达首次投资艺术品，据说，位于北京东长安街万达广场25层的王健林办公室内悬挂的就是一幅名画——价值3000万元的石齐画作《长征万里图》。

追溯起来，万达对艺术品的投资甚至早于足球。1992年，王健林就曾以800多万元的价格购入傅抱石的一幅画作。王健林曾承认自己"最初的目的只是为了喜好而收藏"，"这些年生意越做越大，而多年前那份对文化的敬仰和热爱至今未变。"

显然，王健林对于艺术品的追求并不是仅停留在"爱好"的层面，在收入傅抱石画作一年后，1993年，万达投资成立"玥宝斋"画廊。郭庆祥任画廊负责人，并着手建立万达自己的艺术品投资团队，该画廊的简介称："本斋是大连万达集团下设的以收藏为主的企业。"

作为文化企业，万达要想做大做好，品牌的公关是必不可少的。自20世纪90年代以来，万达玥宝斋每年都举办免费展览，义务向公众展示自己的藏品。且对每次展览都非常精心，既要保证是大师的精品力作，又不能重复。通过精心的选择编排，每次都让观众得到了愉悦的精神享受。

1993年毛主席诞辰百周年之际，玥宝斋在大连和香港举办了百名书画家精品展，中央电视台做了跟踪报道；1997年，玥宝斋举办当代名人书画展，同时向黄海大道引碧工程捐赠书画作品，共捐赠由国内名家现场挥毫创作的巨幅佳作三件；1997年11月，“玥宝斋近现代书画展”在大连举办，受到广泛好评；1999年12月，玥宝斋向公众展示吴昌硕、齐白石、徐悲鸿、张大千、李可染、吴冠中等名家大师共100幅佳作，这些平时难得一见的书画精品令参观者赞叹不已，流连忘返。

玥宝斋的收藏理念是系统收藏近现代书画大师的精品力作。万达从一开始就明确了收藏什么人的作品和什么样的作品。艺术品的市场价格应是它艺术价值的真实体现。对于收藏的企业来说，发现并确认艺术品的价值非常重要。在艺术家甄选上，玥宝斋始终将目光集中在对中国美术史有重要贡献的一流大师身上，而在具体作品的选择上又以艺术家的精品为收藏对象。

2012年万达宣布成立万达文化产业集团公司时，就声称其从2005年开始进行大规模的文化产业投资，其中涉及字画收藏等六个产业，并表示艺术品收藏已经做到了国内行业的第一。

万达在近现代中国画收藏上的地位，跟万达在商业地产中的地位是一样的。万达的文化产业在五大支柱产业中承载着品牌公关的重要作用，既传播了底蕴深厚的企业文化，又树立了企业健康向上的公益形象。至2012年年底，万达文化产业年收入达到预计的200亿元，成为中国最大的文化企业。这其中，书画收藏功不可没。

智慧剖析

有人说：“我不知道世界上是谁第一个发现水，但肯定不是鱼。因为它一直生活在水中，所以始终无法感觉水的存在。”

其实人类社会中的很多现象蕴含着与之相同的道理。生活中有很多可以创新的空间，但由于传统思维方式的限制，我们往往视而不见或盲目排斥，遏制了创新本身的发展空间。敢于创新，要有打破常规的勇气，要与惯性思维作斗争，还要保持对人、对物的敏感性和好奇心。不敢越雷池一步，就永远跳不出条条框框的制约。

很久很久以前，人类都还光着脚走路。而鞋子的诞生，就来源于一位仆人突破固定思维模式的创新。

一位国王到某个偏远的乡间旅游，由于路面崎岖不平，有很多碎石头，硌得他的脚板又痛又麻。回到王宫后，他下了一道命令，要将国内所有的道路都铺上一层牛皮。他认为这样做，不只是为自己，还可造福他的子民，让大家走路时不再受刺痛之苦。

但是，哪来这么多的牛皮呢？即使杀光所有的牛，也凑不到足够的皮革啊！而所花费的金钱、动用的人力，更不知道有多少。

这个办法是很愚蠢而且是根本做不到的，但因为是国王的命令，大家也只能摇头叹息。

一位聪明的仆人大胆地向国王提出建议：“国王啊！为什么您要劳师动众，牺牲那么多头牛，花费那么多金钱呢？您何不只用两小片牛皮包住您的脚呢？”

国王听了很惊讶，因为这确实是一个更高明的办法。他当下领悟，立刻收回成命，采纳了这个建议。

于是，世界上就有了皮鞋。

当我们发现自己所走的路前方不通时，可以通过思考，勇于质疑，换一种思维，便能够取得意想不到的收获。否则，或许我们直到今天仍然光着脚走在牛皮铺垫的路上。

在我们的世界上，有创造力的人，到处都有出路，到处都需要他。但模仿者、追随者、因循守旧者，绝少有开辟新路的希望，也不会受到人们的欢迎。世界上更需要的是具有创造力的人，因为他们能脱离旧的轨道，打开新的局面。

标新立异的人，向着洒满阳光的大道走去。他们不会去做已有很多人在努力做的某项工作，也不会用别人所用过的方法，他们只是按照自己的思维，做着他们自己的事情。

对于试图成功的人来说，必须明白：人们为了取得对尚未认识的事物的认识，总要探索前人没有运用过的思维模式和行动方法，寻找没有先例的办法和措施去分析认识事物，从而获得新的认识和方法，锻炼和提高人的认识能力。

这个时代并不欠缺机会，而是欠缺创意。只要你有新奇的想法，并付诸行动，就已经成功了一半。在生活的每个角落里，都隐藏着一些新鲜的东西，如果我们能够想到这一点，不断地从偶然的机会中挖掘对自己有用的信息，不断开发自己的创新能力，就能够打破思维的桎梏，使自己的生活和工作都更有创意。

第五章 变通执行，适者生存

寻找适合自己的生存方式

所有的新方式都是对传统方式的促进，但并不意味着新的方式出现所有的传统产业都要死亡。电商发展很快，但是也别忘了传统零售也在做大蛋糕，这不是切蛋糕的思维，你切掉别人就没有了。从消费者的角度，网购的人也经常去逛商场。电商和传统零售并不是非此即彼，任何一个新的模式不可能完全灭掉以前所有的经营模式，我们（我和马云）都会赢。

——王健林接受华西都市报采访

我相信十年、二十年后可能不会有单纯的电子商务公司和单纯的实体企业，二者一定是相互融合的。到2022年，就是所谓马王打赌期限到来的那一天，电商和实业是否会活得好，就看你是不是创新、是不是适应形势了，适者生存。

——《王健林：万达资产一万亿我可能就正式退了》

执行策略

“电商再厉害，但像洗澡、捏脚、掏耳朵这些业务，电商是取代不了的。”2012年，在中国经济年度人物颁奖盛典上，王健林跟马云打赌：到2022年如果电商在中国零售市场份额超过50%，王健林将给马云一个亿，如果没到，则马云给王健林一个亿。

虽然一年之后，让人有些失望的是，王健林突然站出来解释说，打赌只是为了给活动暖场的一个玩笑。但是，赌约的真假姑且放置一边，在一年的时间里，电商对于王健林来说必然是一个绕不去的话题，所以他才会说“适者生存”，“互联网和实体经济是融合态势，不融合早晚会遭遇瓶颈”。

万达作为一个拥有商业地产、高级酒店、旅游、电影院线和连锁百货五大核心产业的综合商业体，覆盖了衣食住行的方方面面，形成了完整的消费闭环。用王健林的话说：“万达拥有中国企业独一无二的线下资源，有一百多个广场，接近一百个酒店，过几年后还有若干个大型度假区，这么几十亿人次来来往往，这么丰富的线下资源为什么不利用呢？万达有丰富的零售资源，不做电子商务太可惜”。

在可惜的背后，必须看到万达的商业综合体还未形成真正的消费闭环，尚缺少关键的一环——整合平台。而电商平台正是承载这一重任的最适合平台。

“双12”的当晚，万达电商万汇网和独立APP上线，王健林在宣布“亿元赌局作废”的同时牵起了阿里巴巴的手。作为万达广场的O2O智能电子商务平台，万汇网业务将涵盖百货、美食、影院、KTV等领域。隶属于万达集团，实时为用户提供广场活动、商家资讯、商品导购、优惠折扣、电影资讯、美食团购、积分查询、礼品兑换等资讯与服务。

万达的电商项目筹备已久，在此次试运行期间，万汇网仅在大连、武汉、福州、郑州四大城市六个项目运营，到2014年范围将扩展至全国所有的万达项目。

不难看出，万汇网的内容实际就是万达广场。但王健林却指出，万汇网不同于淘宝、京东的电商模式，“万达的电子商务平台绝对不会是淘宝，也不会是京东，而是完全结合自身特点的线上线下融为一体的O2O电子商务模式。比如，消费者在万达百货消费，商家拿出1%～2%等值货币类积分来支持。成为会员以后，可以在所有万达广场，以及万达旗下的各种业态，包括在度假区、酒店，享受等同于货币的积分消费。”

与淘宝、天猫不同的是，万汇网目前更像是万达广场的内容展示平台，比如服装的款式、价格等，暂不支持线上实物购买，只提供部分服务的团购和优惠券的领取及购买服务。

尽管只是试运营，但这很可能是万汇网的最终模式——万汇网仅仅是万达广场的一个展示窗口，而非直接的销售途径。王健林表示，希望通过万汇网整合万达广场的客户资源，“今年大概有十几亿人次会进入万达广场，我们有准确的光电计数。比较保守地估计，2015年大概会有接近140个万达广场，平均每个广场2000万人，一年有超过20亿人次会进万达广场。”

智慧剖析

当我们身陷困境，有些人总是抱怨不休，而有些人却积极面对，想办法解决问题。当然不同的表现方式，会产生两种截然不同的结果。

一味地去抱怨自身的处境，对于改善处境没有丝毫益处，只有先静下心来分析自己，并下定决心去改变它，付诸行动，它才能向你所希望的方向发展。所以当我们在困难面前，不妨试着换个思维、换个模式，总会有新的市场和出路。一条道走到黑是不行的，只会让自己撞得头破血流。

方法永远在自己身上，自己才是解决问题的金钥匙。从习惯抱怨到主动寻找解决问题的方法，你可以借鉴以下一些经验：

1. 改变自己的观念

我们埋怨世界、抱怨环境是没有用的，只有从思想上去适应它。比尔·盖茨说：“生活是不公平的，要学会适应它。”有些时候，我们不是做不好自己的工作，而是我们的思想过于僵化。在我们改变自己思想的同时，我们也就找到了突破困境的方法。

2. 带着思想去工作

公司所渴求的人才不只是具有专业知识的、埋头苦干的人，而更需要带着自己的思想工作的人。一个合格的员工不只是被动地等待别人告诉他应该做什么，而是应该主动去了解和思考自己要做什么、怎么做，并且认真地规划它们，然后全力以赴地去完成。

企业的发展最终靠的是全体员工积极性、主动性和创造性的发挥，每个员工都应充分展现自己的想法，贡献自己的力量。

3. 没有做不到，只怕想不到

戴高乐说："眼睛所到之处，是成功到达的地方，唯有伟大的人才能成就伟大的事，他们之所以伟大，是因为决心要做出伟大的事。"工作中必然会遇到各种各样的困难，在那些工作不称职的员工看来，困难总是太大太多，以至于根本无法克服；而在善于创新的人眼中，没有做不到的事情，只怕想不到。

在困难面前保持足够的韧性，遇到困难不惧怕，是优秀员工获取事业成功的重要因素，也是一种积极人生态度的重要表现。反过来，积极的人生态度有助于人们克服困难，实现成功。

4. 坚信方法总比困难多

在蒙牛集团，有这样一副对联："只要精神不滑坡，方法总比困难多。"这是一种无所畏惧的信念，也是一种工作的指导方针。牛根生说：在一个单位，不管是领导还是员工，只要有着这样的精神，有什么困难不能克服，有什么问题不能解决呢！

坚信"方法总比困难多"，能够增强我们战胜困难的信心，还能激发出我们的创造热情。许多成功者回忆走过的艰难路途时说：就是因为有了"方法总比困难多"这一信念的支撑，才有了他们今日的成就和辉煌。

以方法促进落实

不能建好房子再招商，而是要先把大的租户的需求搞清楚，按照租户的个性要求量身定做。我要把房子租给商户，就必须先替商户考虑能不能赚到钱。如果赚不到钱，我也就收不到租金。

——王健林谈订单地产模式

执行策略

有人调查过很多企业的成功人士，从他们身上发现了一个共同的规律：最优秀的人，往往是最主动去找方法的人。王健林就是这样一个善于动脑，善于为解决困难找方法的人。

现在，愿意跟随万达的商家越来越多。据统计，万达目前的战略合作伙伴已超过5000家，长期签约的则有1200家。“对商业地产来说，最主要的门槛并不是资金门槛，而是商业资源的积累，就是招商能力。有本事开店，想招谁来谁就来，而且预先能有人愿意跟你签订租赁协议或者意向书，你就能规避很大风险了。”

那么王健林的招商能力是怎么来的？一个简单的小例子也许会让我们有所窥见。

如今，在中国各大城市的万达广场，都会发现餐饮店铺始终集中在最顶层。这是王健林的首创，他还为此发明了一个理论名词，叫“瀑布效应”：“中国人的特点就是好吃，你把各种美食弄到一起，做到最上面一层，他为了吃，就会跑上去，下来时他必须经过一些路径，这样就能增加顾客的滞留时间，就像瀑布一样，从上面冒出来，一点点流下来。”

为执行找方法。王健林相信凡事都会有方法解决，而且是总有更好的方法。也许正是他的这种为执行找方法的态度才创造了他的今天。

智慧剖析

一个人面对困难时所做出来的态度是他走向卓越或平庸的分水岭。一个优秀的人总是能够主动去找方法解决，而不是找借口逃避责任，找理由为失职辩解。找理由为自己的失败辩解只会加速失败，只有去找方法才会成功。

梅里兹是美国一家著名公司的技术开发人员，有一次，他参与了公司一项黏度超强的粘胶研制工作，谁知不但没研制出超强度粘胶，反而研制出了一种黏度超弱的粘胶。公司认为这种粘胶毫无用处，只能当废物处理掉。但梅里兹不死心，虽然他暂时还说不出它有什么用处，但他觉得这种粘胶肯定会对人们有某种帮助。

正好他有一位朋友参加唱诗班，他常常把小纸条夹在歌本里，以便很快能找到自己所要唱的诗，但苦于小纸条总是掉出来。于是，梅里兹灵机一动，将自己所研制的超弱粘胶制成自粘性书签——将它粘在小纸条上，不但可以当成不会掉的书签，而且撕开时很方便，不会损坏歌本。

梅里兹进一步研究，又将这种粘胶制成自粘性便条纸。结果这种产品一上市，就风靡了整个美国，并走向了世界。许多人纷纷放弃使用图钉和回形针，转而用这种方便快捷的东西。梅里兹这项自粘性便条纸的发明为公司带来了丰厚的利润，在相当长的时期一度成为公司的主打产品。

本来是要研究超强的粘胶，结果反倒出现了超弱的粘胶。虽然梅里兹的研究并没有按照预先设想的目标顺利发展，而是出现了大问题，与原计划背道而驰。然而面对这样的危机，梅里兹并没有灰心，而是积极地寻找突破，终于把一项原本失败的产品做成了公司的一项金牌产品。梅里兹本人也因为这件事为自己的职业生涯赢得了一次宝贵的机遇。

善于开动脑筋，主动寻找方法，不仅是一个企业保持旺盛竞争力的保障，还可以使员工更好地展示自己、发挥自身的能力，更多地获得晋升加薪的良机。

你自己努力过吗？对于你所遭遇的困难，你愿意努力去尝试，而且不止一次地尝试吗？只试一次是绝对不够的，需要多次尝试，那样你会发现自己心中蕴藏着巨大能量。许多人之所以失败是因为未能竭尽所能去尝试，而这些努力正是成功的必备条件。

工作的过程中，肯定会遇到各种各样的难题，这个时候就必须自己想办法去解决。很多人在难题面前望而却步，觉得无路可走。那么，又要怎样才能在遇到问题时，脑子里能有一系列的想法去解决呢？

（1）总爱找借口躲避工作中的困难，这种做法是很不可取的。工作中每个人都应当发挥自己最大的潜能，努力寻找更有效的方法而不是浪费时间去寻找借口。

（2）不要抱怨，不要胆怯，更不要选择退缩或者逃避，要充满勇气和自信地去面对问题。通过自己的脑筋思考问题发生的原因，同时询问有经验的前辈。

（3）化大问题为多个小问题。当遇到的困难实在巨大时，就将它分成一小块一小块地解决。

研究和别人不一样的地方

大家千万不要理解，我有一个好的创意方案，或者我一开始一步成功，哪一件事做得很成功，我就成功了，卖一碗担担面，做得很好，啪，开个小店，卖得非常成功，你就觉得马上我就开连锁店了，结果你一开连锁店，你会发现，连锁店需要的这种管理模式，需要人才团队，远远是不能适应的，可能又失败了。我们这些都是同学，绝大部分大学生，可能很多刚刚毕业，很多人都想创业，都梦想成功，每个人都有成功的机会，首先你要研究跟别人不一样的地方，要有创新的精神。

——《王健林：〈开讲啦〉》

你们都是年轻人，都是80后、90后，你们要想创业，千万不要相信市场上的那些，什么《制胜百招》、什么《商场圣经》等，千万别信这个东西。

因为个体的成功就是“条条大道通罗马”，成功人士有很多相同的成功之处，但也绝对有若干个不相同的模式和经历，或者说特殊的偶然事件等促成的，绝对不可能有一模一样的成功模式。所以这些所谓的绝招、点子不好使，他用了这招成功了，你跟着去用绝对不成功或者说成功概率极小。

如果成功的模式靠一本书靠人给你指点一下都一样，这个社会上没有失败的人，全是成功的人，买书多简单。可能我过于自信的原因，但是根据我自身的经验，我看到我身边，因为我现在接触的大多数成功的企业家，在一起聊天看，我发现每个人都是有不同的经历，每个人身上有不同的特质，听一听每个人都有不同创业的故事，都走了不同的路，所以我相信成功一定是不同的路，一定是不同的体验。你们真的想成功第一要有勇气，第二要敢于探索，第三要不怕失败。

——《王健林：千万别学成功书籍里的妙招》

执行策略

1998年4月，万达的足球事业正如火如荼地展开着。王健林在全国挑选了8个城市作了一次知名度调查，结果却使他大吃一惊：在全国知名度最高的

100个企业当中，万达名列第五；但在品牌属性认知度方面，万达却排在100个企业的最后。

甚至很多被调查的企业和人都认为万达只是一家体育公司或体育经纪公司。这不禁让王健林开始反思：万达的主业究竟应该放在哪里？很快得出结论：集中精力做好房地产。于是，便出现了轰动一时的“万达退出足坛事件”。

王健林说：个体的成功就像是“条条大道通罗马”，成功之人有很多相同的成功之处，但也绝对有若干个不相同的模式和经历，或者说由特殊的偶然事件等促成的，绝对不可能有一模一样的成功模式。

1989年万达创立之初，许多房地产商热衷于靠疏通关系拿地，王健林虽然没靠山也没资本，但他却坚持己见：“找市长不如找市场”，只有把时间花在研究如何把产品做得更好上，才能够占领更多的市场。于是，万达在大连第一个推出“大户型”居室和铝合金窗、第一个采用抗震能力强的“现浇楼板”。这些创举为万达打响了第一枪，掘到了“第一桶金”。

1999年，万达打破房地产界“先建后卖”的常规，创造出“先租后建”的商业和地产相结合的“订单地产”的全新模式，信心十足地喊出了“向世界500强收租金”的口号。万达首创的“订单地产模式”也是万达成为亚洲第一不动产运营商的关键一步 。

2005年，万达又首创了“城市综合体”的房地产模式。每个“综合体”都成为城市的商业中心区，带动了当地多种相关商业的发展，增加了大量就业机会。如今，万达已在全国多个城市建起20多个“万达广场”，并成立了全国唯一的商业规划研究院及跨区域连锁经营的商业管理公司，形成了商业地产的完整产业链，增强了企业的核心竞争优势。

王健林认为，商业模式的创新是顶层设计，是最重要的核心。“技术层面的创新、管理方式的创新、营销方式的创新等，没有一个比得上商业模式的创新。商业模式绝不意味着做没人做过的事情，很简单，比如都在卖担担面，但你把流程再造，做一千个连锁店，企业规模、品牌起来了，这就是创造了新的商业模式。”

在金光闪闪的头衔背后，支撑万达帝国一路走来的正是其拒绝模仿、独树一帜的成功模式，不论是“订单地产”还是“城市综合体”模式，万达一次又一次发现新大陆，创造新奇迹。

王健林高呼，要把万达建成基业长青的国际企业。不走复制路，坚持独创性的精神值得每一位领导和员工学习借鉴。

智慧剖析

面对近年来微信的大行其道，360总裁周鸿祎有自己的见解：“现在大家都在学微信，是因为意识到微信重要了。但微信已经做了三四年了，做起来了，把运营商都颠覆了，今天你再做一个表面上和微信比较像的产品，就永远没有机会。……就像当年新浪微博做得好，腾讯也做微博，但腾讯再怎么做都做不过新浪，因为它和新浪没有差异化，再有钱也不行。但腾讯最后用什么打击了新浪微博呢？是用了微信，是一个和微博完全不一样的产品。”

2013年，以财务指标作为判定标准，排名第一的本土运动品牌是李宁还是安踏？若是在几年前，答案将毋庸置疑，自然是李宁占优。但是如今这个问题的答案是——安踏。在许多一线城市的消费者看来，显得有些不可思议，因为安踏从来就不是他们购买运动用品时的首选。在他们眼中，以安踏为代表的晋江系运动品牌一直是以“土豪”形象示人——产品设计永远都不够“高端、大气、上档次”。

安踏的成功是作为本土运动品牌初次尝试“去耐克模式”的结果。安踏不再追求明星代言，或者打造“高大上”的品牌，而是深耕低消费用户。巧妙利用在中国的不同区域，经济发展具有“时间差”这一特征，用格外实惠的价格，去满足三四线城市消费者刚刚觉醒的对运动品牌的消费需求，实现了对“老大哥”李宁的弯道超车。

为什么安踏能够将自己旗舰产品的价格降到如此低的程度？其实背后的基本逻辑并不复杂：通过降价提升销量，这实际上是对行业规则的一次颠覆。

对于一线品牌来说，旗舰产品所承担的最重要的使命是帮助品牌树立高端和专业的形象，而并非是达到多大的销量。而球星签名球鞋的价格本身就不能太低，以国外品牌为例，球星签名鞋的价格通常价格都在千元以上，而且往往比同品牌的非明星代言产品贵了至少20%左右。

在2013年之前的3年，安踏也在遵循同样的玩法。

但是，这样“跟风”的结果却是销量的“惨淡”，前三代加内特代言的签名球鞋，每代最好的成绩也只有一万的销量，前三代的KG篮球鞋，销售总量还不到10万双。

造成这种结果的原因在于，一方面，对于本土品牌的消费人群来说，相对高昂的价格自动将许多顾客拒之门外；另一方面，国际品牌的用户出于消费习惯的原因，短时间内也很难突然转向购买本土品牌的产品。所以，在很长一段时间里，本土品牌的旗舰产品都处在一个非常尴尬的位置。

虽然对其他企业来说，形象比销量更重要。但在安踏总裁丁世忠的价值观里，一款产品如果不能从销量上证明自己，那么就是不折不扣的失败。

在3年的试水过后，他开始重新反思安踏在篮球策略上的思路，并且得出了这样的结论：“我们过去做的事情是很失败的，为什么请球星卖不到1万双球鞋？这是有问题的。”丁世忠在接受采访时直言不讳地说，“任何品牌的投入是要跟收入形成正比，比如说阿迪达斯在欧洲投入足球，它的足球投入和销售是形成正比的，耐克投入篮球一定也是成正比的。投入跟销售不成正比是不合理的。”

为了改变现状，丁世忠决定转换思路，从过去努力做出一双高端的篮球鞋，改变为怎样才能把一款球星代言的篮球鞋卖出更多。“我要做真正的‘国民球鞋’，让更多的人真正买得起，我要让100万人穿着我的球鞋去打篮球，这个就是我们的战略。”

在确立了新的战略目标后，安踏开始着手对自己的篮球鞋策略进行调整。

经过调研，安踏发现在学生群体中，虽不乏拥有国际品牌篮球鞋的人，但是他们大多只有在重要的场合，比如比赛时才会穿着，在平时运动时，他们通常只会穿着本土品牌的产品。

对于安踏来说，如果用户不穿着自己的产品上场打球，那么品牌的高端也就变得毫无意义。安踏并不想让自己的产品成为被用户束之高阁的“藏品”。于是就有了399元的系列产品。安踏想要向自己的用户证明，一双专业篮球鞋并不一定要像国外品牌卖到那样高的价格，低价位的产品同样也能做到这一点。

有很多人担心平价篮球鞋会影响安踏产品的毛利率，但丁世忠却并不在乎：“安踏牺牲了一两个SKU的毛利率，但是销量上去了，企业也没损失。”对于安踏来说，只要社会经济结构不发生根本性的转变，那么它“实用至上”“质高价廉”的方法论就会一直延续并且奏效下去。

一味地按部就班、随波逐流，最后的结果很可能就是被洪流淘汰，只有像安踏一样，另辟蹊径、匠心独运，走出一条真正适合自己的成功模式，才是明智之举。

微小的创新也能颠覆世界

我用万达四次转型的发展历史告诉大家，你的企业真正想成为一个

大型企业，或者成为一个核心竞争力的企业，就不能满足于现状。第一要创新，敢于创新，持续不断地创新。这四次转型，就是四次大的创新，小的创新，技术层面的创新也是可以的。

——《王健林：二十年内中国楼市就倒了》

执行策略

1988年年底，王健林注册了大连市西岗住宅开发总公司，自己做起了老板。“在当时，注册房地产开发公司的资金最少要100万，王健林就跟大连房屋开发公司借了100万元，还要扣除20万元的利息及50%的担保。在当时既没有办公场地，又没有工作人员，有的只是区政府淘汰的双体座农夫车，可谓是赤手空拳打天下。”有一家媒体这样描述道。

公司成立后，没有开发指标，看着要一起吃饭的三十几个弟兄，王健林只得低声下气地去求人。软磨硬泡之下，终于拿到市政府附近的一个棚户区项目，这个棚户区曾被三个市里的大公司先后看中又踢开，都是进去一算账觉得肯定会赔钱就拍拍屁股走人了。

但王健林初生牛犊不怕虎，他高喊“我干”。项目要到了，回到公司一算账，大家都昏了，说人家测算的都是亏损，我们怎么能不亏损？他们测算当时大连市的最高房价是一千零几十元，王健林说我们卖1500元不就挣钱了，他们说你凭什么卖1500元，卖1000元都不一定有人买！王健林乐观地说那就动脑筋想办法把它忽悠成1500元。

情势所迫，公司创新的萌芽也从此开始。凭什么卖？王健林和团队一起动脑筋搞了四个小小的创新：

第一，做了一个明厅。20世纪80年代时的房子都是没有明厅的，进门后就是狭窄的走道，万达别出心裁做了一个大的明厅，并且是带有窗户的。

第二，做了一个洗手间，大约5平方米，在当时一般人家是不附带卫生间的。按照规定只有县团级以上的住房才可以配备洗手间。万达开了一个先例。

第三，安装了铝合金门窗。当时大多都是木头窗或者钢窗，万达在材料上实现了创新。

第四，安装了防盗门。当时盼盼防盗门刚刚出现，每个只有八九十元，王健林看重它会比木头的门稍微结实一点，于是给每家每户都安上了一个防盗门。安上之后，整个价值建筑成本一个平方米才增加了几十元，这也是当时最大的创新。

在当时，这几个看似微小的创新实则都是非常新鲜的。王健林开动脑筋，打破常规，只是改动了几处小地方，就实现了巨大的突破。

创新完成后，该怎么把它推出去呢？王健林首先想到的还是打广告。但在当时报纸不像现在这样五花八门，只有两份报纸且都是官方的，是不能做广告的。于是王健林转变思路，去跟电视台谈，那时刚刚兴起港台电视剧，王健林便突发奇想在开头放一段广告，中间放一段广告，电视台同意了。就这样电视剧播出来，全国人民都看到了王健林打的房产广告。

就这几点小小的创新和一点变通的营销，刚刚开工一千多的房子被一扫而光，而且居然是以1580元每平方米成交的。实属创造了纪录。因为棚户区虽然很旧，但是地理位置较好，而且加上这些颇具吸引力的小创新，很受购房者的喜欢。

棚户区项目赚了一大笔钱，接近一千万的利润，这在当时是很了不起的。这也是王健林和万达掘到的第一桶金。反观这件事情不难得到一个启发：棚户区的改造并没有设想的困难，因为棚户区都位于城市中心，主要是看房产商如何去创造，有时候即便是微小的创新也是可以实现重大突破的。

从此之后，王健林和万达就一发不可收了，开始了大规模的城市改造。万达也成为全中国房地产行业里第一家1988年就进入搞城市旧改的企业，而且闯出了路子来，打破了当时计划指标的说法。可以说，万达的起步就是靠微小的创新闯出来的。

智慧剖析

“微创新”是对传统技术路线的颠覆，要想成为未来的创新杀手，就要抛弃传统的技术创新至上的路子，拥抱应用创新至上。不精通微小之道，你就不能洞悉全局。

从0到20亿，陈年只花了不到3年的时间。

2007年底，非专业人士陈年莽撞地杀入服装业，创立了VANCL（凡客诚品）。作为完全的“菜鸟”，陈年随后的高歌猛进让所有人都大跌眼镜：2008年的销售收入是2.78亿元，2009年的销售收入则超过7亿元——夺得了“2009德勤高科技、高成长中国50强”的第一名，2010年的销售收入突破20亿。一个卖服装的网站，没有颠覆性的技术，也没有革命性的产品，究竟奇迹是如何缔造的呢？从0到20亿，是N个鲜为人知的“微创新”：

1. 透明化

2007年10月到12月，卓越网的创始人陈年创立服装电子商务网站VANCL，当时甚嚣尘上的PPG是他要模仿的对象。陈年首先要搞定的客户是风险投资。对此他做了一个微小的创新——在创立之初就把公司运营、财务报表做得非常透明，非常符合风险投资的胃口。有之前的多年互联网经验作保障，陈年做得得心应手。联创策源、IDG等风险投资都迅速到位。

2. 外包装盒

在大多数都会忽略的地方，陈年则花费了大量心思——VANCL的硬皮包装盒。早期的包装盒是银灰色的硬壳纸，几经更新，换成现在的牛皮纸包装。不少消费者甚至常常会被这个亲切的牛皮纸盒子所打动。

在大多数人认为这个体验其实增加了凡客的成本时，陈年却不以为然。陈年说，“但是我一定要让消费者打开的时候感觉到舒服，你不是装在一个塑料袋里面，要装在一个无纺布袋里面。我们仓储部门一直在跟我斗争，说这个成本高了百分之二，我后来和他讲这个百分之二你给我算到其他部门来，但他们还是不停的斗争。因为我会用不同名字定产品的，如果我哪天拿的产品没有无纺布，我肯定要追查。"

2008年6月，VANCL的包装盒经过多次升级、改革，终于确定为牛皮纸样式，用陈年的话说"不张扬，而且更结实，容易携带"。

3. 退换货政策

长期以来，包括卓越网在内的一些网站，都在退换货方面设置了重重门槛，例如拆封后不能换，错过退还日期不能换，即使能退换，也还会再设置一些小障碍。这是因为，过高的退换货率会影响到一个很硬的指标：毛利率。

为了破旧出新，陈年把超出毛利率的部分当作市场费用、品牌费用，由品牌部门来背这部分费用。 陈年把针对消费者的限制分步骤地一步步打开：先是"商品质量问题，30天内无条件退换货"；然后是"当面验货"；再后来则是"无条件试穿"，这一系列"微小的改变"对供应链产生了极大的挑战，有的消费者甚至会花费半个小时的时间来试穿，甚至直接在办公室展示，物流人员叫苦不迭，无奈下陈年只得采取自建物流，或者加价的方式解决。但是，这些措施却征服了顾客的心。

4. 女装杀手：Bra-T

在小有成绩后，服装业的不少高手开始拿着提案抢占陈年的办公室。Bra-T便是在这种时候进入了陈年的眼界。Bra-T是一种女式背心，独特的内外衣相结合设计，使其穿着简单便捷且舒适塑型。有一定的科技含量，同时也是一款容易标准化的产品。陈年当机立断，Bra-T迅速成为VANCL女装的杀手级品牌。

5. T恤衫风暴

陈年的撒手锏是"平价战略"，28元的价格，500款设计师的原创图案，对视网膜和内心都造成了巨大的冲击。为此，陈年除了签约韩寒、王珞丹，还开始大打户外广告。有不少网友甚至在算韩寒几百万的代言费得卖出多少T恤才够本，其实这是对陈年T恤战略的不了解。

事实上，有一个鲜为人知的内幕是，尽管陈年是靠男式衬衫和POLO衫起家，但真正对其产生革命性影响的却是两款产品，其中之一就是印花T恤，在 VANCL的网站上，T恤被设计成了特殊的标志。最关键的是，印花T恤给陈年打开了另一扇大门——“快时尚”。

就这样，一个服装业的“微杀手”横空出世。

在职场中有很多员工总是抱怨，自己埋头工作业绩却能有提升，每天加班加点连思考的时间都没有，如何创新？其实只要从小处着眼，善于思考，创新无处不在：多买几个便利贴、午休时花10分钟看专业书、缩短回复电邮的时间……微小的改进和创新往往容易被忽视，但是只要坚持下去，这个支点也是可以撬起地球的。

制订策略，聚集人气

为了获得利润，逼得我们去想卖到1500元一平方米的办法。为此在项目中做了几点创新：第一，当时铝合金窗在东北很少见，北京街小区全部采用铝合金窗。第二，当时刚刚兴起防盗门，北京街小区每户都安上防盗门。第三，当时的住宅没有明厅，北京街小区每户设计一个明厅。第四，当时大连市副局级以上干部住房才配洗手间，北京街小区每户设计一个洗手间。然后，我们又在营销上创新，当时做了一个大胆的决定，出8万元赞助一部40集的港台电视剧，那个年代港台电视剧非常吃香，通过赞助让北京街小区家喻户晓。这些创新获得极大收益，北京街小区1000多套房子两个月全部卖完，而且均价达到1600元，创造了当时的纪录。企业获得近1000万元利润 掘到第一桶金。更重要的万达成为全国第一家进行旧区改造的企业，闯出了企业发展的路子。

——《王健林清华大学演讲》

执行策略

为了确保万达广场运营管理核心业务长期稳定的发展，万达相关管理部门针对商业广场的实际营销状况，制定了相应的管理策略。主要是围绕“聚人气”“留人气”和“回人气”三个要素展开的。

“聚人气”指的是用一种极为简单明了的表达方式，带着一种激情，激发消费者向广场的各个空间聚集。不仅要关注广告，更要关注非广告宣传，即以宣传广场形象为目标的宣传，新闻专访、报道、通信等对企业的介绍所达到的营销目的，其作用往往是广告所不能替代的。要加大各种活动功能对社会的影响力，吸引眼球，通过“营销事件”、公益活动等引起外界的关注。每次的活动能吸引多少消费者？未达到促销目的所选择的媒体覆盖商圈的状况如何？竞争对手的策略如何，是否有借鉴意义？只有真正实现人气的聚集，营销才能具有竞争力。

“留人气”指的是人气指数在一定时间内不减弱，形成旺盛的人气空间。例如为了增加顾客的购买停留时间，通过对营业员“销售技巧”的培训，提高商业服务知识和水平，从而灵活增加更多的交易机会，有效延续购买行为。

顾客往往会受到环境的刺激而引发购买冲动，因此在指定营销策略时，必须时刻关注卖区之间的联动，注重顾客的感受。卖场环境的舒适度，包括灯光、道具、媒体广告、POP、DM以及动线的合理设计等，都会减少顾客闲逛的时间，把更多的注意力集中在促销的产品上。此外，根据促销主题，应对季节品牌、促销商品的丰富性、商品价格的适应度等因素进行分析，提升顾客的满意度。

“回人气”指的是让顾客在有限的空间和时间里流连忘返、留下深刻的印象，为培养回头客做有效铺垫。要想让顾客成为“回头客”，关键要提高广场的综合服务水准，提升顾客的满意度。这就需要在多个可变因素上做文章：比如商品价格、员工的态度和技巧、促销力度、实际商品和顾客想象之间的认识差距等。只有针对性的营销策划，才会获得实际的效果。

智慧剖析

小米手机成功的原因是什么？答案不是期货、不是粉丝经济，而是参与感。只有懂得了参与感的秘密，才能真正了解小米新营销的真相。

第一步：定位用户群体

定位用户群体是企业发展前期最核心的事情。雷军发现，企业在做第一个新产品的第一步的时候，最好把原点收缩得越小越好。俗话说，星星之火可以燎原。所以在定位用户群的时候，最忌讳的是你一开始就找了一个很大的定位，一个很广泛的用户群。雷军对小米的定位就是一款发烧友的手机，“为发烧而生”。

为什么小米当初会选择做手机呢？其实出发点很简单，在2009年，雷军环顾身边一圈，发现竟然找不到一款令自己满意的手机，当时最火的安卓手机出自HTC阵营，HTC出的前三款手机表现非常好，这也激发了雷军做一款自己喜欢的手机的念头。

第二步：社区战略

当找到用户后，就需要找一个适合做营销传播的社区平台。如今，微博和空间都很适合做事件营销，不同的是微博的使用人群比较广泛，以上班族为主；而空间则以学生人群为主，用户基数更大。而微信对雷军团队来讲，则更多的是把它当做客服平台。总体来说，微博、空间主要做事件，微信纯粹做客服。

目前在这3个平台里面，空间用户过了1000万，微博是300多万，微信上也有270到280万，其中微信用户总数是同行排名最高的。2013年8月12日中午12点，红米手机在QQ空间独家首发，10万台红米手机在1分30秒内全部售罄。就此不难发现，当大家都在关注微信与微博的时候，小米和QQ空间的合作无疑是一个亮点。QQ空间绝对算得上作为中国最大的社交平台之一，自从建立QQ空间开放平台以来小米可谓大赚一笔。

第三步：内容营销

确定了用户群，也找到了合适营销的社区，还必须看清当下营销的核心实际是内容营销。在内容营销方面，雷军把创造话题视为是最关键最有效的，包括要有一些配套活动的策划。

以《150克青春》的话题活动为例，这个话题是小米团队于2012年4月开始做的，一开始小米团队在微博上传了一堆莫名其妙的图，都叫“我们的150克青春”，那些图片都是校园的经典场景，比如挂科、泡网吧、女生宿舍弹吉他、一起吃烤肉串等，除了图片外没有任何文字说明，让很多人都感到莫名其妙。后来很多用户自发转发，甚至也多达上万条，但真实情况到底是怎样的呢？

实际上这是小米团队在推广小米一代的青春版，是一个全新的版本。这个产品主打学生用户，定价1499元，因此从包装到营销上都颇具年轻化。为什么叫150克青春呢？因为手机的重量是150克。首发当天，这条微博就成为2012年一整年里转发量最高的微博，引起近200万次转发、100万次评论。12万台定时抢购，顿时一扫而空。

总结一下，要想真正做好参与感营销，有几点注意需要留意：

1. 别跑偏

别跑偏也就意味着要抓重点。比如，现在老人手机的重点都抓得非常准，大按键、声音又大，还有手电筒。但雷军却看到了一个被忽略的需求：

老人其实也可以用智能机看新闻、玩微信。因此雷军对此做了很大改进，比如超大的数字键盘，包括整个桌面全部简化。把老人常用的联系人的名片放到桌面上最大化一点，一切以方便老人使用为中心。

2. 接地气

互联网其实最反对“高大上”，并不是高大上的品牌就要用高大上的说法去做的，时代已经变了。

比如，小米路由器发布的时候，有一个正面图，雷军说小米的新玩具来了，这样接地气的定调其实才是最智慧和有效的。小米路由器是给发烧友的新玩具，因为普通用户根本不知道路由器，只有懂电脑的发烧友才知道。

3. 有特权

为了感谢最初购买小米的100位用户，雷军团队在MIUI启动画面中录入了他们的名字，还特意拍了一部名为《100个梦想赞助商》的微电影，以此时刻提醒自己，小米的成功离不开米粉最根本的支持，所以才有了米粉节。

雷军主张要善待用户，就像交朋友一样。小米所说的参与感是给用户话语权，让他们有权利对产品发表意见，有权参与整个改动的过程。雷军说，其实那些老用户真的不在乎拿到多少钱，其实他们真的是在意很多相互的尊重和肯定。

雷军一直鼓励小米要全员来做客服，米聊也好，微博也好，论坛也好都可以，甚至短信都可以，要分散和用户的沟通。即使再忙，雷军每天也会抽出一小时泡论坛，只有这样才会发现很多产品问题、很多新需求，只有这样才会发现到用户真实的温度和需求在哪里。

多元化发展，不变就是在等死

跨界的，从来不是专业的，全部来自于另一个领域！

——王健林谈跨界

执行策略

近年来，万达正以前所未有的迅猛速度，从一个领域进入另一个领域，惊人的“万达速度”一次又一次拔得了跨界竞赛的头筹。自1988年创立到目前为止，万达已形成了商业地产、高级酒店、旅游投资、文化产业、连锁百货五大核心产业。在全国已拥有68座万达广场、38座五星级酒店、6000块电影银幕、57家百货店以及63家量贩KTV。

众所周知，房地产行业的企业大多都会兼顾发展一些辅业，但大部分也还是和地产、建筑相关的。万达开创了先例。2012年，万达收购了美国AMC——北美第二大电影院线。中国的一家房地产企业竟然跨界成为了全球最大的电影院线运营商，万达俨然成了地产界的“跨界大咖”。

也是在2012年，万达在中朝边界附近开设了一个滑雪度假村，并且计划在未来数年，还将建设3座度假村，设施主要有高级的水边宾馆，迪士尼（Disney）风格的主题公园和拉斯维加斯式的表演。

万达院线每年以100块银幕的增速爆发式扩张，此外，万达院线旗下几乎所有影院都是自有资产，所有权、管理权、经营权高度统一，形成了商业地产和院线联动的万达模式。

现代商业社会，没有像万达这种先见的危机感是最大的危机。因为一切都在经历重新洗牌的过程，不按规则出牌，打破陈规，多条腿走多元化道路才能抢占先机。有人可以白手起家，有人也会在一夜之间输得只剩下身份证。不管创新之路是否通向成功，固守成规都只能眼看着别人来瓜分你的粮仓。

万达进军娱乐产业称得上是一次特立独行的挑战，因为如果把地产看做硬产业的话，娱乐业无疑是一种软产业。这也印证了一句话：跨界的，从来不是专业的，全部来自于另一个领域。

万达由硬及软的跨界发展，“软硬兼施”，正在推动着万达产业帝国越做越大。相对于传统的地产企业，万达的成就在于利用房地产业的基础创造了综合型产业帝国，衍生出电影院线、旅游等第三产业，而万达的文化产业则赋予了其更大的声名和更多的赞誉，一时间名气大噪，地产业也因而被推向了另一个高度。

万达的目标是什么？是将万达建设成“世界超一流级别的公司”以及提升国家的声誉。王健林说，像美国、英国这样的世界大国的力量和影响来自伟大公司的力量和影响，他们“提升了国家，造就了超级大国”。他认为，现在就是企业在中华人民共和国发挥同样作用的时刻。对他来说，中国梦的精髓就是：像万达这样的中国企业去创造财富，传播影响，为中国在世界舞台上取得主导地位铺平道路。

万达正在努力实现其打造全球化的房地产和娱乐帝国的梦想。王健林曾多次表示要让企业的力量来增强中国在世界上的声誉和影响力，拥有这样的雄心壮志，卓尔不群的思想高度，万达未来的舞台注定是国际舞台。

三星总裁李健熙有一句名言：“除了老婆孩子，一切都要变。”不变就是在等死，就像规规矩矩的孩子在突发事件面前总是最束手无策的。

科技的进步不断淘汰跟不上时代步伐的人，不前行就是在倒退，不变通就是在自取灭亡。未来10年，是中国商业领域大规模变革的时代，所有大企业都面临重组，一旦人们的生活方式发生根本性的变化，来不及变革的企业，就只有两种可能，要么苟延残喘，要么被尘土掩埋。

万达集团的跨界传奇虽然难以复制，但其经验却值得传统企业反复推敲——再大的基业固守陈旧也会成为中空蠹木，传统企业要想迎合市场做大做强，只守在自己领域的一亩三分地是很难玩出什么花样的，要么被逼转型，要么玩跨界多元化产业经营。结果显而易见，只有玩跨界才是真正的出路和希望，并最终使企业达到——“走别人的路，让别人无路可走”的领先境地。

智慧剖析

在现代社会，就像冯巩说的那句经典台词：这年头，玩的就是个综合实力！

跨界的多元化竞争已经成了现代商业竞争的一种重要模式，你不主动跨界就一定会有别人跨界来抢占你的地盘。只有多元化跨界发展的企业才有资格谈发展甚至生存。

以2004年深圳万象城开业为起点，华润集团快速复制商业地产项目，并构建起清晰的商业地产版图。如今，高端定位的“万象城”系列由华润置地主营，以家庭消费为主要对象的社区型购物中心“欢乐颂”则归入华润创业的华润万家旗下，而由深国投商置打造的家庭式区域型购物中心“印象城、新一城”系列，则暂归于华润投资公司旗下。

虽以“三足鼎立、三线并举”的方式稳健发展，但三家子公司均按“高、中、低”的定位有条不紊地发展产品线，无论拿地选址、规模体量、业态架构、消费定位都不相同，看似庞大凌乱，实则分工明确，各司其职。基本做到错位经营，相互独立又形成互补。

按华润置地（北京）董事、副总经理郭晓东的说法，华润置地所有的生意都来自市场需求。“我们看到了市场契机，但契机跟赢利预期也有关系。两者具备，当然大干快干，有市场预期但赢利预期相对慢一些，就可以先做着，暂时不会大面积推广。”

当华润置地裹挟着住宅开发从地产角度向商业大举进军之际，华润集团旗下的另一家子公司——华润万家，也正从零售层面狂飙突进。

全球一半以上的商业地产开发商是零售企业，因为零售企业更贴近地气，更擅长选址和规划业态。目前，国内商业地产普遍是由地产商操盘，华润却更加期待尝试重整零售业务资源。

2009年6月，华润集团成立专门的零售集团，对旗下零售业务进行整合重组，并注入中艺等老品牌，从而明确业务。2010年10月1日，“欢乐颂”在深圳起航。

与万象城仅有中艺和OLE等自主品牌不同，“欢乐颂”最大限度地利用了既有内部零售资源，仅吸纳40%外来品牌，利用集团产业链纵向整合进入商业地产。这种模式能够大举降低招商成本，快速成市，短期内迅速提升经营性商业资产价值，形成难以复制的优势。

华润万家购物中心事业部总经理孙韬透露，“欢乐颂”是华润万家未来重点扩张的新业态，未来5年内，“欢乐颂”计划拓展到15～20家的规模。目前已在全国包括无锡、海口、哈尔滨、珠海、成都、合肥等多个一、二线城市正式启动。

“我们原则上不做10万平方米以上的购物中心，比如在建的成都、合肥、无锡、海口、珠海等项目，理想经营面积在5～8万平方米。”在华润高级项目经理黄辉看来，相比“万象城”需要捆绑住宅开发，“欢乐颂”在扩张过程中更加灵活。“在资金充裕的情况下，可以自己开发购置物业，一旦市场动荡，还可以轻资产化，以租赁的方式开业快速扩张。”

黄辉认为，华润万家从零售业向地产渗透，聚焦社区商业中心的模式，是市场成熟和产品细分的产物，未来具备很好的发展前景。而且，从零售经营的角度来看，还可以通过零售业对其商业地产产生增值作用，华润深得其味。

“我们的定位与华润万象城、华润万家形成高端、中端和大众化的互补性产品系列。”深国投商用置业有限公司总经理丁力业展现了“完全华润化”的思维方式。

多样化的产品线与多个品牌组合，体现了华润集团商业地产的差异化、细分化的特色，保证了各层次消费客群的市场拓展，同时也需要强大的启动资金以及后续快速的招商和管理。这一点上，华润再一次展示了其强大的资源优势。

适时调整，探索发展

有人问我一个问题，让我用一句话概括万达成功的经验。我想了一下，要概括万达的成功，就是商业模式的不断探索与创新。

——王健林谈商业模式

执行策略

前瞻产业研究院最新发布的《2012—2016年中国商业地产行业深度调研与投资战略规划分析报告》分析指出，“订单地产”商业模式是万达发展商业地产的一项重要的商业模式创新，是万达商业地产的核心能力所在。所谓“订单地产”，就是指先租后建，招商在前，建设在后，其核心是“联合协议，共同参与，平均租金，先租后建”。

首先，万达与世界500强等知名商业机构签订联合发展协议，协议中约定了很多条款，其中包括目标城市的选择、面积的要求、租金条件等；其次，万达与合作伙伴进行沟通、协调，大家共同确定城市、地块，并在规划设计与技术方面完成对接，每一个店的面积、层高、设备都要事先约定好，为租户量身定制商业地产项目；再次，万达和战略合作伙伴约定，把中国的城市划定为两个等级，北京、上海、广州、深圳四个城市列为一等城市，剩下的城市都算第二等。一等城市、二等城市分别适用不同的平均租金，这样就大大减少了合同谈判的时间；最后，当面积、城市、租金全部确定后，万达还将与主力店租户签订合同或确认书，此后再投入建设。

前瞻产业研究院文化行业研究小组指出，这一模式对于万达来说可以避免投资的风险，而对于项目所在城市来说，也意味着税收和就业岗位的增加、提升城市形象和商业水准的综合效益，真正实现了企业和政府的双赢。

不容忽视的是，万达的核心业务"万达广场"并不像一般的商业物业都要两年以上的市场培育期才可以成熟起来，而是往往在一开起来就充满活力，跳过了市场培育期。万达的运营管理是这其中的核心因素，其主要表现在以下方面：

首先，万达有着合理的规划招商业态。万达广场尤其强调文化、娱乐、餐饮等非零售的比重，一般非零售比重在50%以上，虽然非零售租金较低，但也可以提供丰富的业态选择，可以在开业的初期积聚人气，这些业态只要一旦稳定以后，租金提升的空间、租金成长性的空间是较大的。

其次，万达在商业地产方面的另一大优势是商业运营能力。万达成立了万达商业管理有限公司，创造了连续多年租金收缴率超过99%的世界行业纪录，这也是中国目前唯一一家冠以商业管理名称、跨区进行商业管理的企业。强大的招商和运营能力解决了商业项目开业后的难题，保证了万达开业的商业项目良好的运营状态。

此外，万达正处于不断的提升和调整过程中的，再好的企业、再好的规划、再好的招商业态，在中国十几亿人口的国度里，区域文化差异这么大的地方，是不可能做到百战百胜的，要想持续反应，就是要有吃苦耐劳的精神，要不断对开业的店进行调整。

万达独创的"订单商业地产"模式成为了万达在激烈市场竞争中的强大优势，获得了市场的高度认可，而且这种模式在现在的市场环境中是别人无法复制的。

智慧剖析

商业模式是无形的，远不如产品创新那么具体。作为一个相对较新的概念，我们需要对它有更多的了解和关注。

有人说：商业模式就是赢利模式，是如何赚钱的模式。也有人说：商业模式就是运营模式，是怎样运营好一个产品，怎样为用户提供更好的服务。但其实严格来说，商业模式包含了战略模式、运营模式和赢利模式等。

那么商业模式的核心是什么呢？商业模式的核心就是创新，就是打破常规。商业模式的创新是当今企业获得核心竞争力的关键。沃尔玛、亚马逊、ZARA、Netflix、Ryanair航空和ARM等企业都是因为它们独特而具有竞争力的商业模式实现异军突起，成为各自竞争激烈的行业中的领军人物。在过去十年成功跻身于财富500强的27家企业中，有11家都是凭借商业模式创新而取得了成功。

以国美和苏宁为例，曾有一段时期国美和苏宁几乎垄断了国内所有的家电行业，但是他们为什么能够垄断呢，有人说，是因为他们的价格低，他们能够拿到别人拿不到的一手货源，但其实并非如此，百货公司也可以拿到同样的低价格，只是国美和苏宁都不靠电器挣钱。那么他们靠什么挣钱呢？他们是用电器的钱投资到房地产上挣钱，再把从房地产上挣来的钱用来继续维持电器的低价。这就是商业模式，具有独创性。

商业模式就像是高速路口，正确的商业模式决定着企业正确的经营走向，因此，商业模式的创新就变得格外重要。商业模式的创新主要有3种模式：

（1）赢利模式的创新：不同的赢利方式可能会颠覆行业。

（2）运营模式的创新：如今受人追捧的苹果5S土豪金就是一个很好的运营模式的创新，其命名就很贴地气。为了贴合中国的文化，土豪就等同于暴发户，是一种身份的象征，因此从一出现就引起了大量关注。

（3）产业链模式的创新：

京东曾经连续几年一直都在亏本，但是却能够拿到一轮又一轮的融资，这是为什么呢？原因就是京东产业链模式的创新。最早，京东的产品供应是采购到京东自己的仓储，然后进行配送。但是后来京东发现这样的产品供应会增加运营成本，于是京东改用了另外一种产品引进模式，开始寻找大量的产品供应商，无论是厂家还是普通的代理商，只要有产品就可以合作。每个产品供应商必须提供100万元价值的货物、每月结算一次。

就是倚靠这个改变，让京东的投资商们，纷纷继续投资。1000000×10000个商家=10亿。京东每个月替每个供应商销量达20万元。京东的仓储上就有18个亿的流动资金，因此京东就会有足够的资本去运作其他。

在看似已经饱和的行业里，我们要有颠覆者的创新思维。在所有的杀毒软件都收费的时候，360选择了免费使用，颠覆了整个行业。有人问：那360靠什么赚钱呢？360能够颠覆杀毒行业的根本，就是其赢利模式发生了质的改变，在免费的360杀毒软件中，植入个性化广告及一些个性化服务，这便是360独创的赢利模式。

当宝洁公司在日用品行业大行其道、一手遮天的时候，有一家公司却在洗发水行业找到了蓝海，它就是霸王。宝洁最早为了解决人们洗干净头发，推出了飘柔；发展一段时间后，需要去屑，因而产生了海飞丝；很快不仅需要去屑，洗完后还需要柔顺，所以推出了潘婷；随后为了洗出时尚，又推出了沙宣。但是就是在宝洁如此迎合用户需求的情况下，霸王却发现了一个新的蓝海——那就是脱发，于是才有了霸王——纯中药制品。

商业模式的创新看似虚无，却能够决定企业的生死存亡，在2011年的一份调查报表中显示，有49%的企业倒闭的原因是企业固守原来的商业模式，故步自封。因此，我们要努力挖掘市场的空白，创新商业模式，用人无我有的独创性实现企业的永续发展。

第六章

运筹帷幄，精准执行

规模经营，连锁化发展

中国的文化产业有一个比较严重的问题，就是小、散、乱。我们今年委托贝塔斯曼做了全球文化产业的50个公司调查以后才发现，中国现在绝大多数文化产业的公司收入都在几千万，甚至几百万，上了几十亿的人极少，过百亿的全国就两家，和世界级文化企业比差距太大了。为什么小、散、乱，就是可能我们中国20、30年来抓发展，发展是硬道理，解决吃饭，解决居住，文化产业抓得少一点，全国才一万亿人民币，世界文化企业的前三家比我们全国的文化产业的产值还多。小、散、乱导致成本比较高，所以利润也比较低。

——《王健林：万达的文化牌是怎么打的》

执行策略

王健林清楚地看到，如今中国的文化产业存在着一个比较严重的问题：小、散、乱。目前，中国绝大多数文化产业的公司收入都在几千万，甚至几百万，几十亿以上的就极少，过百亿的全国只有两家，和世界经济文化企业相比可谓天壤之别。

为什么小、散、乱？因为我国20、30年来一直在抓发展，高呼发展才是硬道理，把解决吃饭、解决居住当做头等大事，文化产业相对抓得少一点。就像王健林说的：全国才一万亿人民币，世界文化企业的前三家比我们全国的文化产业的产值还多。小、散、乱导致成本比较高，因而利润也就比较低。

万达做文化产业始终坚持一个原则——坚决把规模做大，做连锁化。万达曾做过一个叫大歌星KTV的项目，顾客进去后要先交钱，规定时间到了后会自动断电，就是依靠这种信息化支撑的连锁管理，万达大大降低了管理成本和运营成本。

万达做电影院线，最早的时候有点缩手缩脚，一年只投资3家，慢慢增加到5家、8家，后来做了一段时间王健林发现，只有大规模的投入才能扩大赢利，因此干脆加大步伐，一年投资10个。虽然规模的扩大的同时也对管理、人才提出更高的要求，但是商业模式却有了质的改变。

从2008年开始，万达每年开业的影院数量都在增加，2011年拥有了20几家，2012年则有超过30家影院开业，直到2013年差不多有100多家影城开业，但管理成本却并没有增加多少。

而且万达的智慧之处就在于，它从一开始就在学习世界连锁企业的这种模式，有连锁统一运营、统一的营销、统一的促销、统一的采购等。王健林举过在电影院线卖洋酒的例子，以前1000元的价格，现在500元就可以了，为什么？因为万达现在影院数量增加了，销售的量也大了，收入点就增加了。这就是因为连锁经营会产生一些新的利润增长点，所以必须实行规模经营，走连锁化道路，才能确保发展的可续性。

智慧剖析

没有发令枪响，甚至没有等到房地产企业们站成一条平行线，这场角力的赛跑就已经开始了，这场赛跑就是扩大规模的赛跑。

规模至关重要。有专家做过研究，一般情况下，消费者对同类产品的商家品牌的关注幅度不会超过7个。也就是说，在消费者关注之外的品牌与关注之内的品牌之间，在排名靠后的品牌与靠前的品牌之间，实际上是公平竞争条件下的不公平竞争。小规模的企业，要付出比大规模的企业更多的努力，也不一定有明显的效果。因此，企业要想生存和发展，必须不断扩大规模，不断强化自己在消费者中的形象。

凯德集团，又名嘉德置地，是亚洲规模最大的房地产集团之一，于1994年进入中国。集团在中国主要有三大业务单位，包括凯德中国、凯德商用中国和雅诗阁中国。目前，凯德商用在中国已拥有并管理着分布于34个大中城市的53个商业地产项目，总建筑面积超过450万平方米，其中包括北京凯德Mall、望京（原北京嘉茂购物中心）、成都凯德广场、金牛（原成都嘉信茂广场）、北京来福士中心等。

但其实在2005年之前，上海来福士广场曾一度是凯德中国的“膝下独子”。在当时，来福士未能实现快速复制与扩张，且未能发挥其资本运作的强项。

第一个转折点出现在2004年年底，凯德商用中国以9.3亿元人民币的价格购买了深国投正在建设的6家购物中心51%的股份；2005年年中，又以33.73亿元人民币接手深国投另外15家购物中心65%的股权。仅仅这两项收购，凯德商用中国就迅速获得了国内21家购物中心的控股权。

随后，便是一系列与此相关联的案例。凯德商用中国以最快的速度成为国内商业物业的大买家，大手笔收购层出不穷。

某种程度上来讲，凯德集团的迅速扩张得益于企业在中国所遵循的快速收购策略。“兼并收购是凯德最主要的发展模式，在商业物业总资产中，几乎超过七成以上是通过并购增加的。”

在北方，凯德商用中国首先确立了与华联集团的合作计划。据零售业人士分析，北京华联大型零售企业的身份能够与凯德商用中国分享其资源，分散凯德商用中国为扩张而承受的风险，可谓相得益彰。

在南方，凯德商用中国则选择了深国投作为合作方，早先所有冠有“嘉信茂”姓氏的商业物业其实都是凯德置地和深国投合作的产物。为此，凯德商用中国专门设立了北方和南方各一处专业团队对其零售商业进行管理。

2005年1月4日，嘉德置地与北京华联签订了资产转让协议，嘉德置地斥资17.46亿元收购北京华联旗下的安贞华联商厦和望京华联商厦。这两大商场的总建筑面积为13万平方米。同年7月8日，嘉德置地与深国投商置和深圳市深国商业投资有限公司签订协议，以33.73亿元人民币接手深国投另外15家购物中心65%的股权。

2006年5月17日，凯德商用中国与北京金融街建设开发有限责任公司签署了转让协议，以13.2亿元人民币的价格收购了北京西环广场的商业部分。同年10月30日，凯德商用中国以3亿元的价格将北京华联郑州店收入囊中。

2007年7月10日，嘉德置地通过其旗下的凯德商用产业有限公司，与万科企业股份有限公司签署合作协议。该合作协议的主要内容包括，凯德商用中国将和万科共同确定合作的项目，选择的范围包括万科已开发完毕、正在开发或将要开发的住宅项目中的商业地产部分。凯德商用中国将制定一个商业资产规划与万科一起开发，并且在未来合适的时间进行收购。

“凯德选择合作并购基本出于以下三点理由：一是利用零售商伙伴的资源；二是利用合作方的政府资源及开发实力；三是最重要的一点，通过快速收购捕获市场时机，在两三年内实现资产膨胀，便于REITS的开发运营。”徐焕升谈道。

快速收购的模式带来了丰厚的回报。2006年，凯德商用对新加坡的股票投资者讲述了一个中国的商业故事，嘉茂商用中国信托基金（CRCT）正式在新加坡证券交易所（SGX-ST）上市。

借助这种合作开发的扩张模式，凯德迅速突进多个二三线城市，成为国内最大的购物中心运营商之一。但是并购合作中，由于在大部分项目中凯德仅介入后期的运营，项目前期的设计不合理及主力店面积占比过大等问题却无法正确认识和把控，最终导致整体的回报率普遍偏低，不利于后期产品的开发。

强强联合注定只能是短期的阶段性策略。“借用彼此的特别之处，最后大家都会很棒。”2009年9月27日，深国投与当时的嘉德置地约定“和谐分手”。对共同投资的33个以沃尔玛为主力租户的购物中心项目，嘉德置地以其持有的4个项目65%的股权及深国投广场50%的收益权置换深国投商置持有的16个项目35%的股权及6个项目49%的股权。

此外，凯德也在利用集团背景积极寻找优势地块，如今自建开发的项目比例已占到总资产的20%。

时至今日，从万达和凯德集团的发展轨迹不难看出，企业扩大规模、走连锁化道路是可行且必要的。随着社会的发展进步，行业在增加，每个行业的个体、企业也在增多，然而随着市场竞争的愈演愈烈，各种行业也都在不断地优化。在优胜劣汰这一自然法则的前提下，规模制胜是任何一个成熟的企业都需要考虑的课题。

扩大规模，走并购路线

万达院线在中国虽发展很快，今年有1000块银幕，但放眼世界前几名，动辄都是四五千块的规模。如果单靠自己发展，很难成为这个行业的全球领导者。所以当时我们就决定，一定要走并购路线。

——《王健林：消费之王万达》

记者：万达的海外扩张，未来是要单独拓展，还是会和国内的产业串联起来，成为一个跨境的国际产业链？能否梳理下你的投资逻辑？

王健林：除了游艇之外，所有收购都是和现有的产业相关的，无关的产业我是不收购的。我们收购的目标就是做大这个产业在行业的地位，每个产业我都要求它做成国际水准而非中国水准。包括现在的旅游、文化、零售部分，反正是跟我们有关的板块，能牵涉到我们的业务，能和我们的业务融合一致，有助于增加我们的竞争能力、扩大规模，我会考虑。游艇收购有些例外，大连东方影都要打造游艇俱乐部，俱乐部要购买10艘8艘艇，我们购买游艇的钱再加一部分，就可以把游艇公司买下来了，所以下定决心买了。跟业务无关的我们基本不会碰，除非是买下来，就能成为世界第一，但这样的概率是很小的。

——《王健林：做到7000亿时退休》

执行策略

在南昌宣布南昌万达文旅城开工后，王健林又马不停蹄地赶回北京。24小时后的2013年6月19日的早晨10点，他又宣布了两笔在英国的投资：投资3.2亿并购英国圣汐游艇公司，以及投资近7亿英镑在伦敦核心区建设五星级万达酒店。这是万达继去年9月并购美国AMC影院后，再度向海外进军。

当来自英国《卫报》的记者迫不及待地询问万达下一笔海外投资将会何时发生时，王健林却说，海外投资不主张太快，或许等明年再宣布新的投资。

这位不久前登上美国《财富》杂志封面的中国新首富深谙缓急之道。“城镇化率超过75%之后，一切都会慢下来。”王健林说。

万达计划在南昌建设一个占地160公顷，总建筑面积80万平方米，可同时容纳5万名游客的大型旅游项目。有别于大多数开发商所做的旅游地产，该项目将以室内项目为主。有文化、旅游、商业、酒店、滨湖酒吧街五种产品形态。

王健林称这个项目的意义已经不仅仅停留在每年提供多少税收，创造多少就业岗位，一旦建成，将改变南昌的城市定位。

在万达提出建设文旅城后，许多地方政府都主动向万达发出邀请投资的橄榄枝。

但王健林称类似的项目，万达不打算多做，十个已是上限，并且每个项目都不复制自已，否则只能是“自寻死路”。但“任何一笔重大投资计划的制订，都基于上一笔满意的投资”。他说。早在2002年，万达就已来南昌投资，和当地政府合作愉快。他认为与十年前相比，南昌市政府有更强的财力，更好的规划和基础设施安排，万达自已的产品也更成熟。

当万达开始建大型旅游度假区时，王健林就发现，类似的项目能否成功，关键就在于万达是否具备在全球范围内调动资源的能力。

在国内，万达和数千个品牌都保持着战略合作关系，不管是在建筑商还是地方政府面前，万达通常处于强势的一方。即便新开业的万达广场所在的区域还未成熟，但万达自持的商业部分总能保证满租开业。但国际酒店品牌、大型的演艺公司等自有其商业逻辑，如何整合这些资源是更大的挑战。

王健林说，本打算购买国外某大型舞台秀产品，但对方听说买者是万达，从1500万美元价格提高到4500万美元。“他知道万达一定要做，怎么也不肯让价，我一气之下，决定自已研发。”后来，研发成本只用了6000万元人民币，还拥有万达自已的知识产权。

购买英国游艇公司亦是为了万达的业务。圣汐游艇公司创立于1968年，是世界顶级奢华游艇品牌和英国皇室专用游艇品牌，年销售额约5亿美元，拥有员工超过2500人。

王健林相信，游艇等高端奢侈品一定将成为富豪们的消费趋势，万达将在三亚、青岛、大连三地建设游艇俱乐部。以每个俱乐部10艘豪华游艇的数量计算，至少需要30艘游艇。王健林发现，进口豪华游艇中40%左右的成本是税费，计算成本后，收购游艇公司更划算。

另外，这也解决了管理层的激励机制，给10%的利润作为管理层分红。“不要以为欧美的企业管理就一定很先进，基金持有公司不是为了经营，而是为了卖掉，但万达不会。”王健林说。在欧美经济不景气，失业率颇高的背景下，万达还给了AMC管理层一份长达5年的劳动合同。王健林并不打算将万达的管理文化植入这些企业，只是派了一个中方联络员。“如果当时我说要更换AMC管理层，要把大量的中国影片带到美国去，很可能美国政府就不会批准这笔投资了。”他说。

万达在伦敦投资建设的地产项目，位于伦敦西部的旺斯沃斯区黄金地段，紧邻泰晤士河。项目投资7亿英镑，建筑面积10.5万平方米，其中有一个超五星的酒店，160间客房，面积2万平方米。此外还会包括一部分要销售的豪华公寓，约6.3万平方米，由两栋200米高的塔楼组成。

英国驻中国大使吴思田称，有超过500家中国企业在英国投资。但他认为，未来中国不应该过多依靠国内投资来拉动经济，而是需要依靠消费。

当一位记者问王健林，去英国投资建商业地产是否是为了躲避中国商业地产泡沫时，这位新晋首富沉稳地说，“总有人要迈出这一步。”未来数年里，万达要在8～10个知名国外城市进行投资。

智慧剖析

2010年11月10日，宁高宁刚刚过完52岁生日的第二天，就率领中粮集团地产核心团队齐聚北京西单大悦城，高调举行“大悦城时尚品牌战略联盟交流会”。

“好！很好！非常好！越来越好！一年更比一年好！”最后上台做总结演讲的宁高宁满怀信心。他的意图很明显：要将中粮集团旗下的地产业务，尤其是商业地产做大做强，这自然少不了著名的“宁氏手法”：并购扩张和复制，在全国上演“连城诀”。

首先，收购项目是中粮置业更倾向的扩张方式。“国企不适合从前期开始干，地产行业开发，在前期要勾兑协调很多关系。”中粮集团副总裁史焯炜感慨道。

亚太商业不动产学院院长朱凌波也指出，中粮集团商业地产战略分三步走，“第一步是以收购项目为主导，进行初期快速扩张。”

西单大悦城，就是购买的中冶项目；2010年开业的北京朝青大悦城，是原朝青“西雅图”项目；天津大悦城则是原天津世贸中心；上海大悦城，则是上海新梅置业的新梅太古城。宁高宁曾不止一次在公开场合表示，通过全国范围内竞购Shopping Mall，将商业投资比例提高至集团总体投资的20%以上，使集团拥有的商业地产价值超过300亿元。

“第二步是内部资源整合，将中粮集团目前内部优质商业地产业务进行归集；第三步是再扩张，在前两步的战略经营基础上，中粮商业地产达到一定规模或已经实现了上市，就可以依靠自身能力进行扩张了。”朱凌波说。

中粮大悦城从2006年起步，2007年做项目，2008年做行业，2009年做品牌，2010年开始筹划全国布局，从诞生、发展到展开全国复制，用了短短3年多的时间，目前已经进入快速成长期。

如今，在北京，除西单大悦城、朝阳大悦城外，大悦城安定门店也值得期待。上海大悦城、沈阳大悦城、天津大悦城已经开业。成都大悦城和天津六纬路大悦城也紧随其后。

中粮商业地产已经形成了以环渤海都市圈为核心，辐射东北与西南，拓展长三角、珠三角的全国布局。根据中粮集团的战略部署，未来5～10年内，中粮将在全国拓展20个大型商业地产项目，总资产达到700亿元规模，占中粮集团总资产的30%。宁高宁表示，人口超过500万的一线城市和省会城市是大悦城“落子”的首选。同时，中粮在二线城市则会以城市中心商业的定位出现。

“中国市场足够大，城市综合体在北上广深虽已不是新鲜事，但对于百货占主导的二三线城市，留给城市综合体项目发展的机遇非常大，因此，中粮在‘大悦城’选址上仍有很大空间，并不会受万达现有规模影响。”易城中国商用地产策略顾问部总监饶伟刚认为，虽然万达已有45个开业项目，但这并不影响全国市场对城市综合体的需求。

海阔天空，综合体为大

一个万达广场，就是一座城市中心。

——王健林谈城市综合体

执行策略

2004年12月11日至今，我国商业全面对外开放近十年，我国商品市场也成为世界上竞争最激烈的市场，而零售市场又是其中最激烈的领域之一。零售企业为了规避风险、提高竞争力，大多数采取了多业态经营的模式。

何为业态？在清华大学职业经理人培训中心的教科书《连锁经营理论与实践》中可以找到答案，业态就是：针对特定消费者的特定需求，按照一定的战略目标，有选择地运用商品经营结构、店铺位置、店铺规模、店铺形态、价格政策、销售方式、销售服务等经营手段，提供销售和服务的类型化服务形态。

自从外资零售企业进入中国后，对我国的业态发展起了极大的推动作用。如今我国的零售行业已经形成多业态并存的现状，百货、超市、便利店、专业店、折扣店、仓储式商店等构成了流通行业的网络格局。基本上形成了以百货公司和超市这两种业态为骨干的多层次、多形式、多功能的零售经营体系。

“每个万达广场就是一个城市中心”。在万达集团的官方网站首页，有这样一句话。

这句话里面的“万达广场”指的就是万达商业地产从2005年开始建设的第三代产品——城市综合体（HOPSCA），依照字面解释，就是包含酒店、写字楼、公共空间、购物中心、文化娱乐休闲设施、公寓等的综合性建筑群，看上去更像一个缩小版的城市。

把这些业态组合在一起，有哪些好处呢?

首先，可以把写字楼、公寓销售出去，得到的现金流能减少整个项目的总投资，从而提高回报率；其次，酒店、商业、写字楼综合于一体，综合效益增加了，万达提出了一个口号叫作“月光经济效益”，就是延长消费时间，刺激晚上消费，把经营的时间拉长。这种综合体的模式受到了热烈的欢迎，也提高了万达自身的投资回报。因此，城市综合体开发也成了万达核心竞争力的一个主要内容。

与传统商业地产仅收取物业租金完全不同，万达广场所到之处构筑起的是一个庞大的商业生态圈，引导和改变都市生活与消费方式的同时，也激活了所在城市的经济能量。用王健林的话说就是：“一个万达广场，就是一座城市中心。”

万达综合体建成后往往由开发商全面管理运营，各商家同时进驻，固定时间商场店铺同时开张，大大缩短了项目招商和培育市场的周期，同时以规模扩大城市影响力，短时间内成为城市人流、财富和商机的聚集地。而这样的效应又让项目快速成为成熟的商圈、城市的中心，提升区域知名度，进而带来其物业的巨大升值，如此良性循环，成就一座城池的神话传说，便不再是一件难事。

在业界，万达城市综合体不可复制的优势推动着整个集团的高速运转。以行程的第二站北京CBD万达广场为例，占据的优势之一便是长安街，项目附近有站台和地铁出口，每天的大量人流出入，为项目带来巨大商机。

有业内人士分析，万达的城池神话并不复杂：依靠品牌的影响力和商业配套的吸引力，带动土地升值；再依靠住宅、写字楼产品的销售赚取利润，推动发展；最终银行、商家、购房者和万达共享盛宴。然而，看似简单的运作方式，整合各方资源却是万达独特的撒手锏，就像打造一顶皇冠，能穿针引线的只有万达这位巧匠。

智慧剖析

如今，中国城市正在变成综合体的秀场。综合体大浪来袭，从北到南，从内陆到沿海。一线城市空间不够，二三线城市便立刻开辟出更广阔的战场；旧城容纳不下，新城区接力向四面八方延展。总之一句话：海阔天空，综合体为大。

从2011年至2013年，上海已有50多个总面积约1360万平方米的城市综合体项目建成投入市场。截至2011年年底，东莞拥有购物中心69家，建筑面积350万平方米；沈阳拥有购物中心71家，建筑面积超过700万平方米；贵阳拥有购物中心43家，建筑面积接近200万平方米。而在南通新区，也正以每年新增28个城市综合体的速度迅速扩张。

中国的城市正在变成商业综合体的秀场，也是开发企业的另一个舞台。这是一次大潮，更是一次大考。

综合体缘何大热？专家们给出的理由并不相同，但都可以导致一个结论：“时候到了。”

除了城市化率、第三产业的比率和人均GDP等数据显示，人们生活方式的火热改变也是重要原因。中国城市中公共空间匮乏，综合体能带给人们更多的生活乐趣，不但可以购物，还可以看电影、吃饭，甚至唱KTV，这在二三线城市表现得尤其明显，新一代的购物中心远比传统的百货大楼更受追捧。

除此之外，综合体也让城市的土地得到了集约化使用，工作、购物、娱乐、生活都集中在了一起，避免了在拥挤的城市中跨区域穿梭，这无疑是一种更有效率的生活方式。

越来越多的地方政府开始意识到，单纯卖地盖住宅的“土地财政”，只能带来一次性收入，远不如开发商业地产的“楼宇经济”，卖地的同时，也能够带来长久的就业和税收。

“很多二三线城市，你要建一个高楼大厦他们就很喜欢。他们现在不需要绿化、公园，这些不是他们的主要诉求，他们就是需要城市感，他们喜欢打造城市形象，城市名片。”万达项目经理黄辉说。“开发商在三线城市建综合体，往往都是第一个，非常受欢迎，地价也比较低，拿地也容易。开完会向政府一汇报，都是从上到下一路绿灯。这个也是综合体比较多的原因。”

在很多城市看来，最有助于打造城市形象的莫过于综合体，或综合体群。

在很多城市，纯粹的住宅用地形尽绝迹，而且商业用地的比重越来越高。“一般都在30%以上，而且规划中很多都是综合体。”

更夸张的是，有些城市甚至出现了强行摊派综合体的现象。记者听到一位业界人士谈到，在某个城市，当地每一个大的房地产公司都必须建一座综合体，无论国有民营，也不管你盖起了干什么用。“想在这儿干房地产，就必须先盖这么一个东西。”

王石曾经说过，“如果有一天，万科不走住宅专业化道路了，我即使躺在棺材里，也会举起手来反对。”但是，面对企业生存发展的现实，反对显然无效。

万科尚且如此，地方上的中小开发商更是无奈。“其实，一个50万体量的住宅，如果有30%的商业配比就是有15万多的商业面积，这15万商业体量对于一个没有操作商业经验的开发商来讲，还是挺吃力的。”世联地产项目张总监说。

做好一个综合体，争取政府的支持当然重要，但是最终决定胜负的还是综合体怎么做、持有的物业如何运营。

最初“四菜一汤”即住宅、办公、商业、酒店再加上回迁房的多业态已经足够吸引人，目前在一些二三线城市依然见效。但是今后综合体如何驱动自己将面临越来越大的挑战。

“你也是沃尔玛，我也是沃尔玛，你有KTV，我也是KTV，为什么我要到你这儿来？”一位业界人士问道。事实上，在二三线城市，往往不约而同都建成了底商、写字楼、住宅等相对同质化的模式，“综合”得千人一面。

随着综合体“迅雷不及掩耳”地增多，同质化的问题或许会越来越多显露出来。这是一场来得有些快的浪潮，不管主动“综合体”还是被动“综合体”，很多开发企业，正在边规划边学习边开发。即便前路漫漫，相信像万达广场这样好的综合体，永远不会过剩。

接轨国际，做百年企业

2013年年初，万达提出了十年战略规划，主要目标是跨国发展。我们提出不做“国门口的汉子”的口号，力争十年内成为世界一流跨国企业。万达今年就会有震动世界的跨国并购，除了并购，万达还要进行直接投资，万达要用实践证明，中国的民营企业一样可以成为世界知名的跨国企业，成为国际竞争的主角。

——王健林清华大学演讲

执行策略

万达之所以能比别的企业发展快，关键是走对了四步棋：全国发展、商业地产、文化旅游和跨国发展，这四步棋也是四次转型，其中前两次转型已经成功，第三次正在进行中，而第四次的跨国发展才刚刚开始。

2012年以来，万达便已频频在海外出手。“万达已经把国际化作为一个重要部分，宁可牺牲一点国内的利润空间，也要与国际接轨。如果万达做到超过500亿或1000亿美元收入规模的时候，我不希望它只是一个国内公司，应该是一个世界性的品牌公司。”王健林曾公开表示。

历时近两年的运作，王健林终于兑现了他的诺言——“用一桩跨国并购震惊世界”。2012年5月的一天，万达集团正式宣布，其和全球排名第二的美国AMC影院公司终于签署并购协议，收购后者全部股权。至此，万达集团同时拥有全球排名第二的AMC院线和亚洲排名第一的万达院线，已成为全球规模最大的电影院线运营商。

万达大举进入全美院线，其中相当重要的原因之一就是中国电影希望借助这一渠道打开美国市场。对此，王健林表示：“中国影片一定会走向世界，这是不可逆转的大趋势，进入美国市场是早晚的事，但中国影片很快、大量进入美国市场不现实，需要一个过程。其次，万达集团并购AMC后，进不进中国影片、进什么影片、进多少影片，由AMC管理层根据美国行业规则、市场需求自行决定，万达集团不干涉。”

通过此次跨国收购，万达将拥有全球428家影院，控制5758块屏幕，从而成为全球最大的电影院运营商，但是王健林的野心还不仅仅止于此。王健林说，今后，万达会根据企业战略和市场机会进一步开展跨国发展。除AMC外，万达还在寻求对欧美等国其他大型院线的并购，万达集团的目标是到2020年，占据全球电影市场约20%的市场份额。

在王健林的计划中，到2015年时，万达的总资产将达到3000亿元，年收入2000亿元，年纳税300亿元，实现成为世界一流企业的目标。

针对跨国发展这步棋，万达的长期战略目标是：巩固亚洲商业地产排名第一的领先优势，力争成为全球商业地产行业的领军企业，最终成为全球持有物业面积最大的商业地产企业，从而实现“国际万达，百年企业”的愿景。而国际万达的定位则是指企业经营规模达到国际级、企业管理达到国际级、企业文化达到国际级。

王健林曾在做2012年工作总结时表示，2013年万达跨国发展要坚定不移地进行，年内至少完成一到两个并购。万达究竟能否连番上演海外“蛇吞象”的好戏，带领中国企业在国际大舞台竖起金字招牌呢？相信时间会告诉我们答案。

智慧剖析

五粮液历史悠久，素来享有“中国神酒”的美誉，是中国千年白酒文化的杰出代表。五粮液品牌，连续11年成为中国食品行业第一品牌，品牌价值再一次创下新高，达338.03亿元。五粮液既是国内食品行业的翘楚，更是中国在国际上知名的企业，是国家与民族的骄傲。

1915年，五粮液远渡重洋参加巴拿马国际博览会，并力夺金奖，实现了中国民族品牌在国力积弱时代的零的突破，从此点燃了中国民族工业的希望之火。1995年，2002年，五粮液在巴拿马再获金奖，也成就了“80年金牌不倒”的殊荣。

2011年8月1日，“世界名酒”五粮液的形象宣传片正式亮相美国纽约时报广场“中国屏”。此举也被业内人士称为五粮液“世界名酒”战略提速的重要之举。

事实上，2011年五粮液在推进“世界名酒”战略方面的举措远不止于此。早在3月时，五粮液就在成都春季糖酒会前夕上演了“美酒赠波兰大使”的精彩一幕。谈及中国名酒，大使先生赞叹地说：“我喝过不少中国的白酒，但我最爱五粮液。”

5月，“中国酒业大王”五粮液携旗下封坛酒、五粮液、六和液、五粮春、仙林青、梅实酒等全线产品参展2011年第九届韩国首尔国际酒类展览会，并举行了“世界名酒五粮液·相约首尔”品鉴会。

韩国流通业最大的企业乐天集团乐天酒类株式会社代表理事李载赫表示：“五粮液历史悠久，是世界名酒、中国的酒业大王。韩中酒业企业进行合作，超越了单纯的酒类企业间的商业合作关系，对提升中韩两国企业交流方面具有更加深远的意义。”五个月后，李载赫一行飞赴宜宾，与五粮液就共同开发韩国市场达成共识，双方签署意向协议。

2011年，川酒出口交货值历史性突破1亿美元，五粮液更是取得了出口创汇行业第一的佳绩。目前，五粮液系列酒出口已遍布世界5大洲，深受亚洲以及欧美市场主流消费者的喜爱。

“一方面，五粮液要坚定地把酒做好，把产品做到极致，以臻于完美的品质折服海外消费者。另一方面，软实力是承载‘中国的五粮液、世界的五粮液’梦想的重要支撑，是五粮液走向世界的核心竞争力，五粮液要用千年东方文明‘醉倒’海外消费者。”五粮液集团公司董事长唐桥说道。

2012年年初，五粮液集团公司召开千亿元目标研讨会，明确提出“凸显酒业、优化多元”的发展战略，确保实现千亿元的年度目标。董事长唐桥表示，五粮液将高度重视目标，将自我加压，快速发展，奋力夯实“中国酒业大王”地位，成为世界蒸馏酒的引领者。

国际化的潮流已经势不可当，作为站在时代的风口浪尖之上的中国企业和企业家们，应将对国家与民族的使命感转化为前进的力量，实现更大更好的发展。在证明自身实力的同时，成就国家和民族的国际英雄梦。

革新模式，事业变产业

小打小闹不行，要大投入大产出。此前大家做文化产业都是小投入，一台戏、一部电影地做，这种模式存在两个问题，首先不能快速做大，第二效益非常低。

很多人认为大投入意味着大风险，其实不然，小投入风险才大，大投入不会一拍脑袋就干，会有充分分析、反复琢磨，更要做收入预测计算。

文化旅游城的投资都是百亿级，最小的西双版纳文旅城也投资了160亿元，其他的都在190亿元以上，这么大投资我们也做了保守收入预测，每个项目的收益都在几十亿元，有这么多项目支撑，才可能实现目标，缩短与世界文化企业的距离。

——王健林在《成都商报》成立20周年大型公益讲座上的演讲

执行策略

“这是我第一次面向社会，就万达文化产业做公开演讲”，在《成都商报》举办的以“我看未来20年”为主题的大型公益演讲中，王健林激情澎湃的演讲彰显了其一心想要打造世界一流文化企业的雄心壮志。

从“逼上梁山的被动”到“自觉转型升级”，王健林认为，万达向文化产业转型经历了“思想上的跨越”。在他看来，文化已从“事业”进入了“产业”，要做出影响世界的文化品牌，万达唯有从模式上进行根本革新，“小打小闹不行，要大投入大产出。”

2012年，万达文化集团的收入达到了208亿元，成为全国最大的文化企业，是第二名的两倍，在万达2013年下半年发展规划中，文化产业已是其工作的重中之重。

据公开资料显示，万达文化集团2012年上半年的收入为109.3亿元，其中备受瞩目的AMC公司收入高达13.43亿美元。“2013年万达文化集团按资产计算将超过400亿元，收入会超过250亿元。”王健林透露。

而要想把中国文化产业做出品牌，做到一流，王健林坚持，“一定要革新文化产业模式”。至于如何革新？他给出了六字答案：大投入，大产出。

“此前大家做文化产业都是小投入，一台戏、一部电影地做，”王健林指出，“这种模式存在两个问题，首先不能快速做大，第二效益非常低。很多人认为大投入意味着大风险，其实不然，小投入风险才大，大投入不会一拍脑袋就干，会有充分分析、反复琢磨，更要做收入预测计算。”

万达备受外界期待的在武汉的舞台秀《汉秀》和电影科技娱乐两个项目，即将在2014年与大众见面。据统计，《汉秀》投资25亿元，电影科技娱乐投资35亿元，不含土地，两个项目仅建筑和设备投资就是60亿元，实为大手笔。“这是非常大的投资，目前已进行到即将卖票的阶段。”

王健林相信，这种大投入一定有大产出。“虽然成本60亿元，但这两个项目年收入预计最低10亿元，扣掉成本后效益非常可观，几年就能收回成本。”据王健林预计，这两个项目开业后，必将创造中国单个文化项目收入之最的纪录。

“大投入大产出”的“大智慧”背后不难看出王健林的“大目标”：“万达文化集团有一个很远大的目标，力争在2020年进入世界文化企业前10名，而一台戏一台戏地做、一部电影一部电影地拍，是达不到这个目标的。”

“文化旅游城的投资都是百亿级，最小的西双版纳文旅城也投资了160亿元，其他的都在190亿元以上，这么大投资我们也做了保守收入预测，每个项目的收益都在几十亿元，”王健林满怀信心，“有这么多项目支撑，才可能实现目标，缩短与世界文化企业的距离。”

智慧剖析

2010年年初，恒大地产集团董事局主席许家印接手俱乐部之初曾喊出“5年夺得亚洲冠军”的口号，在当时，这样的豪言被圈内人当作了笑话。然而，兑现的时刻很快来临了。2013年亚冠联赛决赛次回合的角逐中，广州恒大队主场1比1战平韩国首尔FC队，但由于双方首回合的较量以2比2收场，因此两队总比分打成3比3平。不过，恒大凭借客场进球多夺得冠军，成为中国足球历史上第一支问鼎亚冠冠军的球队。

这个冠军让中国足球23年无缘亚洲顶级俱乐部赛事的尴尬纪录彻底打破，升入中超3年完成联赛3连冠，夺取亚冠联赛冠军，种种荣誉背后离不开总舵手许家印的正确决策和勇敢投入。

回想2010年年初，广州足球陷入低谷。恒大以1亿元买断广州足球俱乐部的全部股权。3年以后，许家印累计投入15亿元，引进多名世界级球星：穆里奇、孔卡、埃尔克森、巴里奥斯、克莱奥等，虽然孔卡、巴里奥斯、克莱奥三人最终离开恒大，但是孔卡、穆里奇、埃尔克森打造的恒大前场“南美三叉戟”让中国国内俱乐部，甚至亚洲众豪门都感到胆战。

在主教练方面，许家印更是花费巨资邀请世界杯冠军教头、欧冠冠军、世界名帅里皮，国内球员以郑智、郜林、孙祥、荣昊、赵旭日、曾诚和郑龙等多名中国国脚打造了恒大的“准国家队”。

在许家印“大投入”的决策下，恒大由此开启了一段至今仍在上升的“直升机”旅程，第一年冲入中超、次年夺得中超冠军，三年多的时间不仅在中超赛场实现“三连冠”，而且成为了横扫亚冠赛场的虎狼之师。

在2013年亚冠决赛次回合开赛的前一周，所有球票即宣告售罄。这场比赛的单场门票收入超过5500万元，加上此前亚冠淘汰赛以及小组赛、联赛累计的票房，恒大仅2013年的票房收入就轻松突破了1.5亿元，创下了中国足球职业化以来的新纪录。

高产出的前提是高投入，除了在明星球员和主教练方面的疯狂投入，恒大在球队的薪资激励制度上的力度也同样犀利。以亚冠联赛为例，胜一场即奖励600万元，每晋一级也奖励600万元；即使打平也有300万元的高额奖励。

除此之外，征战亚冠联赛还将增设“为国争光奖”，即每场比赛每净胜对手1球，额外奖励球队人民币200万元。据累计，仅2013年恒大球员获得的亚冠奖金就已达到1.33亿元，其中仅半决赛主场对阵一场就入账2000万元。据粗略统计，恒大三年多来在足球方面的投入已超过了20亿元。

如今，外界不禁产生疑问：恒大已经迎来了“大投入大产出”的收获期，每年数亿元的投入还能持续多久?

许家印曾表示，恒大集团搞足球，前两年都是大幅度的投入，而从第三年或者第四年开始，应该逐渐进入回报期，投入的力度也会递减。他相信在大投入的刺激后，恒大已经完全有能力通过足球赚钱。

大投入不是置风险而不顾，而是在大变革时期魄力决策的重要体现，为了大产出而做出的大投入，是大智慧的体现。

第七章 心一致，行才一致

主动担责，使命让我们出类拔萃

谁也没万达这样的实力，一年开业十几个五星级酒店，如果万达都不敢做，中国什么时候才会有自己的奢华酒店管理品牌？所以万达有责任把这件事做成。刚开始可能会遇到一些问题，但是我坚信，只要我们坚定目标，要做有世界影响力的中国奢华酒店品牌，为中国人争气。持之以恒做下去，十年左右，万达酒店管理一定会做成品牌。

——《万达集团 2012 年工作总结》

执行策略

在奢侈品行业中，最大的奢侈品是奢华酒店管理品牌，其次才是飞机、游艇等。因为奢华酒店不仅投资大，而且品牌可以延续上百年。中国虽然能造出“两弹一星”，但奢华酒店的管理却一直没人敢做，五星级酒店也基本都是请外国的管理公司管理。

面对这样严峻的现实，国家旅游局的领导找到王健林说，中国做五星级酒店品牌，希望在万达。其实这件事情，他早已成竹在胸。一年有十几个五星级万达酒店开业，万达的实力有目共睹，如果万达都不敢做，中国什么时候才会有自己的奢华酒店管理品牌？王健林表示，万达有责任把这件事做成。

万达下决心做奢华酒店品牌主要基于一个原因：为民族争光，不让后人骂。正是这种强烈的民族责任感，才会使王健林具有不同于常人的战略眼光，并能敏锐察觉市场潜在的商机，做到运筹帷幄，先人一步。

万达酒店按照目前的发展速度，2015年开业酒店将超过80家，十年后开业酒店将达到200家。已经拥有了这么多的酒店，却还在用别人的品牌，很难不被子孙后代骂无能。况且在这之前也有先例，郭鹤年在做到第二个酒店时，就下决心自己管理，经过40年的磨炼，终于做成世界知名品牌——香格里拉。而中国现在的社会环境和条件，以及中国在世界上的地位，比郭老先生那时强多了。为了不让后人骂，我们一定要做好这件事。

王健林说："刚开始可能会遇到一些问题，但是我坚信，只要我们坚定目标，要做有世界影响力的中国奢华酒店品牌，为中国人争气。持之以恒做下去，十年左右，万达酒店管理一定会做成品牌。"

2011年，万达成立酒店管理公司，创造了中国第一个奢华酒店管理品牌。五星级品牌叫嘉华，超五星级品牌叫文华，顶级品牌叫瑞华。

直到2012年年底，万达酒店建设公司新竣工开业12家五星级和超五星级酒店，新增客房3678间，五星级酒店总客房数达11678间。酒店管理公司收入28.04亿元，完成计划的100.1%，同比增长76.2%。

2013年，万达宣布以3.2亿英镑（约合4.9亿美元）并购英国圣汐游艇公司，投资近7亿英镑（约合10.8亿美元）在伦敦核心区建设超五星级万达酒店。这也是继并购美国AMC影院公司后，万达国际化战略迈出的又一重要步伐。

被万达并购的圣汐游艇公司是世界顶级奢华游艇品牌，为英国皇室专用品牌；而拟建中的伦敦万达酒店项目则位于旺兹沃斯区黄金地段，建成后将成为"伦敦最好的酒店和城市新地标"。

王健林在接受采访时表示："世界奢华酒店市场一直被外国品牌占据，海外从来见不到中国五星级酒店。万达决定做先行者，改变这种局面。"

他认为，万达旅游酒店产业的国际化，一开始就结缘高端要素，奉行联手国际品牌和打造自主品牌并举，具有开创意义，为中国旅游酒店品牌国际化之路点燃了新希望。

精神的力量是无穷的，"心弱则志衰，志衰则不达"，要想开创一番事业，获得成功，离不开心志、追求和精神。对于企业家来说，为民族争光是最重要的使命之一。企业家只有具有了为国争光的民族责任感，他所经营的企业才会具有强大的生命力，才能在激烈的竞争中成为基业长青的企业。一个没有民族责任感的企业只能靠短暂的机遇暂时获利，一旦机遇丧失，企业将停滞不前甚至破产。很多民营企业昙花一现，就在于企业家缺乏民族责任感。

智慧剖析

主动担责是一个人不可缺少的精神品质。美国总统杜鲁门在自己的办公桌上摆了个牌子，上面写着"book of stop here"，意思就是："问题到此为止。"他告诫自己要主动负起责任来，不要把问题丢给别人。只有不断地承担责任，才能在完成任务的过程中成长自己。

一个人要想成功，必须要在磨难中"动心忍性"，敢于让自己"难受"，这样才能够"增益其所不能"，才能够成为担当大任的人才。

杨元庆30岁的时候已经是联想微机事业部的总经理了。他在联想最困难的时候临危受命，从整个联想挑选了18个业务骨干，组成销售队伍，以"低成本战略"使联想电脑跻身中国市场三强，实现了连续数年的100%增长。

与此同时，眼里揉不得沙子的杨元庆在天大的压力下也不肯妥协，让联想的老一代创业者不太舒服。他被一心提拔他的老板柳传志当着大家的面狠狠地骂了一顿。柳传志在骂哭杨元庆后的第二天给了他一封信：只有把自己锻炼成火鸡那么大，小鸡才肯承认你比它大。当你真像鸵鸟那么大时，小鸡才会心服。只有赢得这种“心服”，才具备了在同代人中做核心的条件。

每一次艰巨的任务，都是一次成长的洗礼，每一次克服困难，出色完成任务之后，我们就磨炼了工作本领，提升了自己的工作能力。因此，我们在公司，面对每一项任务，我们首先要问的是自己能从中学到什么新的知识，积累什么新的经验，要把每一项任务都当做一次学习的机会，而不是一见问题就逃避。

临渊羡鱼，不如退而结网。主动担责是让自己成长的捷径，也是一种最基本的职业要求。在任何一个公司里，那些不需要老板交代就自己找事做的员工，那些主动担责的员工，才是成长最快的员工。那么我们怎样做到主动担责呢？

（1）对自己工作中出现的问题不回避，不推诿，自觉主动地解决它。然而在现实工作中却很少有人能够做到这一点，正是因为难得，这种精神在当今职场中显得更为珍贵。

（2）在企业中，我们也应当把自己当成船长，充分发扬主人翁精神，将自己的所作所为置于企业的发展之中，为企业的发展尽心竭力。

（3）忠实于自己的工作。无论一个人在企业中是以什么样的身份出现，对企业的忠诚都应该是一样的。一个成功学家说：“如果你是忠诚的，你就是成功的。”作为一名员工，你的忠诚对于你自己而言，就是你成功的通行证。

尊重市场，尊重消费者

我始终有一个观点，13亿人就是最好的市场，就是我最大的依靠。

13亿人穷的时候是负担，可是13亿人富了以后就是最大的市场。

——王健林谈万达的成功和未来

执行策略

2012年11月，习近平主席在参观“复兴之路”展览时，第一次阐释了“中国梦”的概念。他说：“大家都在讨论中国梦。我认为，实现中华民族伟大复兴，就是中华民族近代以来最伟大的梦想。”

2013年3月，习近平主席在十二届全国人大一次会议闭幕会上，再次号召人们为实现中国梦而努力奋斗。在他将近25分钟的讲话中，9次提及中国梦，共获得了10余次掌声。讲话的最后，习近平主席深情地强调：“中国梦”一定能实现！

王健林对于中国梦的理解也密切关系着万达的未来：中国梦就是13亿个人梦的总和，这才是中国梦。而“13亿人就是最好的市场，就是我最大的依靠。”

2013年6月的一天，王健林受邀参加《财富》全球论坛活动之一——“全球商业转移”，当被问到，在国内企业走出去、海外企业落子中国的时代背景下，企业应该怎样在不同地区取得更大的成功，到底有什么法则？王健林快人快语：不要像《钢铁侠》那样安排两个中国演员“打酱油”，不要像日本企业那样执行双重标准。

在好莱坞大片《钢铁侠》的片花中，出现了两位中国演员的身影。在整部电影中都几乎很少有他们的镜头，但结尾处却出现了一段两人在医院救治“钢铁侠”的对手戏，牵强之处不言而喻——完全脱离了《钢铁侠》的剧情。尽管电影制片方曾用“放入两个演员已属不易”来回应外界质疑，但这样的托辞显然已得不到对娱乐产业兴致正旺的王健林的肯定。

说到这里，王健林表示，外资企业想投资中国并获得赢利，就要避免出现《钢铁侠》这种主意。取得成功的关键因素在于：不要让中国人只在企业中“打酱油”。

王健林说，据他观察，但凡是在中国取得成功的外资企业，往往都只安排少数核心高管来华，其他大量高管都是从中国本土人士中挑选。而那些几乎清一色海外高管的企业，在华则无一成功。

“我们在收购美国AMC院线时，也曾考虑是否要安排中国高管去参与管理。”王健林说，一家企业究竟经营得好不好，你要做分析，“不是看产品，而是看人。AMC里面有很多哈佛、沃顿商学院的人，难道我们万达在这点上比他们更杰出？并不是。AMC曾有20%的基金投资，当初是没有主人的一家公司，此前大家都不努力，所以导致亏损。现在，万达收购了过来，我们只派了一个联络员。而我们对AMC也有新的政策：如果业绩增长10%就做管理层分红，去年AMC赢利6000万美元，今年仍将大幅增长。”

王健林认为，另一个关键点在于，作为外企要尊重当地消费者。

“《钢铁侠》恰恰是犯了不尊重中国市场、不尊重中国消费者的错误。”他说，有些美国企业想赚中国的钱，于是挑两个中国演员进去“打酱油”，更愚蠢的是片子到了北美地区就把这段切掉；如果美国电影公司是这种心态，只想在中国捞钱，又不尊重这个市场、不尊重消费者，这些投机取巧的企业在中国是注定要失败的。

“再比如，一辆汽车，本来就是同一个品牌、同一个车型，用不同的标准来执行是很愚蠢的。”王健林表示，商人追求利益最大化，但也要尊重市场，“据我所知，一些日本车企一直在中国使用双重标准。”

他认为，美国、印度以及欧洲都要使用一个标准，不要使用不同的标准，“这种事情我们见得多了：卖汽车的（出了事），消费者在当地可以索赔，中国消费者则不能索赔。这就是不尊重市场的表现。不管什么行业，一定要把当地市场、当地消费者看成所在国市场一样尊重，这才能获得成功。”

智慧剖析

顾客就是上帝！企业只有尊重顾客，顾客才会青睐企业。俗话说得好："浇花浇根，交人交心"，人是感情的动物，投入感情，才会捧出真心。拉近"心"的距离，做到让消费者感动，你的目标也基本上达成了。

其实，做企业也是一个心灵互换的过程，以消费者的需求为根本，贴心服务，就可以让顾客从理性到感动，从心动到行动。

自2001年6月开始，爱普生推出了"心加心"增值服务，在经过了长期的发展和完善后，现在爱普生的服务体系已经变得更加稳定。

在爱普生的整体服务体系当中，售后服务和客户支持是两大主要组成部分，而"心加心"增值服务便是最具代表性的一个服务。在全世界范围内，爱普生推出了"心加心"增值服务行动，顾客可以用最低的价格获得更长久、更多的特殊服务，这项服务覆盖了爱普生全部的产品类型。

通常情况下，顾客购买产品所能享受到的售后保修期限为一年，并需要用户亲自将其送到维修中心，但选择"心加心"增值服务的顾客则能够享受的保修时间是3年，而且爱普生还可以派遣维修人员亲自上门为其修理，比如A4型号的黑白激光打印机，爱普生作出了免费保修3年的售后承诺。

当然，顾客也可以在购买产品时多付100～200元，便能享受维修人员亲自上门取送或是维修的服务。与别的商家不一样的是，在彩色激光打印机方面，爱普生承诺在中国范围内的每一个城市都能够享受免费上门安装和一年现场保修的服务。

另外，为了满足顾客在售前和售后过程中的不同需求，爱普生还专门为其开通了售前咨询热线和售后技术支持热线，以保证顾客放心选购产品。随着近年来企业的不断发展和壮大，爱普生不仅拥有了大量的顾客群，而且还建立了130多家售后维修服务部，遍及国内的每一个省份。

关于产品的维修方面，为了避免耽误用户的正常工作，爱普生则推出了快速维修服务，也就是在一小时以内完成维修工作或者为用户提供备用机器。同时，针对产品保修卡遗失的问题，爱普生还开通了网络保修注册系统，即便用户不小心弄丢了保修卡也照样能够到售后维修服务部进行维修。

有人这样说过："认真做服务只能把服务做对，用心做服务才能够把服务做好。"服务是一种内心的对话，是一种心灵的交流和互动的境界。因此，服务需要从心开始，然后发展到知心，最后是开心。的确，只有懂得用心服务的人，才能与顾客拉近心灵的距离，让他们发自内心地被一种服务精神所感动。

下面的一些方法可以帮助服务人员有效地与顾客拉近距离，做能让顾客感动的服务：

（1）主动关心顾客，让顾客感到无处不在的温暖。任何人都不会拒绝一个主动关心自己的人，对顾客的关心会让顾客从内心里充满感动和温暖，交易活动也会顺利进行。

（2）适当地赞美顾客，让顾客产生愉悦感。在服务顾客时，服务人员不要吝啬自己的赞美，但是把握适度，不要赞美过度，让顾客觉得只是奉承。

（3）与顾客拉拉家常，对顾客嘘寒问暖。以关切的方式询问顾客哪里人、在做什么工作等，以闲话家常的方式对顾客嘘寒问暖，这种方式会很好地与顾客拉近距离。

（4）加强与顾客沟通，征求顾客意见。通过与顾客沟通，征求顾客的意见，可以准确而有效地了解到顾客的真正需求，并为顾客提供他们所需要的服务，这会让顾客在满意中对服务人员产生信任感。

总之，用心服务是一种服务态度，更是一种服务方法和服务理念。站在客人的利益角度用心体察客人意图，掌握客人的个性和心态，和客人保持心理上的"零"距离，从而形成一种亲和力，才能得到客人发自内心的满意和认可。

把质量当作发展的第一要务

中国的房地产到今天都一直是问题丛生。我曾经先后四十多次去韩国、三十多次去日本。有一次去韩国非常巧，就在我到的当天，而且路过，发生了汉城著名的汉江大桥垮塌事故。非常巧，正好一个油船在下边过去，就被砸到了，当时砸死了16个人，这是震惊世界的事件！我第二次去韩国，韩国著名百货垮塌。

什么原因呢？汉城大桥垮了以后，作为一个从业人员就想知道什么原因。我发现施工质量严重缺陷，打混凝土打的不严实。就是韩国在经济起飞初期也是不注重质量。所以我现在一直担心，我们在20世纪八九十年代初期盖的房子，我都在担心，我们在一百年后会不会出现韩国这样的事。我当时本着什么心态呢？我们房子盖好一点，将来倒的时候不至于把我抓起来。所以我一直把质量看得很重。

——“大佬对话80后、90后：《中国企业家》走进校园”系列活动讲话

执行策略

《中庸》里有言“诚于中，形于外”，诚信只有坚持落实到企业的一切经营活动中，诚信的理念才能扎实，才能形成真正的自觉行为。

1991年，万达开发大连市民政街的一个小区，4万平方米，8幢楼。当时国家有国优、省优、市优、优良和合格五个等级，万达则主动要求四家施工单位工程质量全部创市优以上。王健林于是派人和管工程的副总商谈，力争全部把市优争取到省优。

但很快却被告知，施工单位不愿意这么干。后来才知道，因为当时“优质不优价”。按照政府的相关规定，市优产品，每平方米的预算只增加两

元钱，省优只增加四元。而实际上，创市优每平方米要多投入十元的成本，慢工出细活啊，要增加人工啊，细干；创省优每平方米则要增加二十元的成本，难怪施工单位不干，他们认为，这是出力不讨好的事情，是谁干谁赔钱的。

知道这一情况后，王健林并没有妥协，而是坚持下发文件，决心突破政府规定的框框，只要工程达到市优，决算时万达主动增付十元，达到省优，则多付二十元。实行“优质优价”，从制度上落实讲质量讲诚信。这也调动了施工单位的积极性，最后，民政街小区有六幢达到市优，两幢达到省优并被评为省样板工程。万达创造了全东北第一个住宅工程质量全优小区。

1992年，全国实行“质量万里行”活动，到各地曝光假冒伪劣。本来这次活动是以到各地曝光为主，但是来到大连后，看到民政街小区工程质量全优，竟破例决定奖给万达当年全国唯一一块“优质住宅工程”的奖牌。这个奖牌也被王健林珍藏至今。

这件事情也提醒了王健林，自此之后万达便把质量当做自己发展的第一要务。每两年会召开一次质量工程现场会，干得好的会颁发奖状。

1996年年初，万达集团针对房地产行业质量低劣、面积短缺、欺骗销售的普遍现象，在全国房企中率先提出三项承诺，从而闻名全国：

（1）保证不漏洞；

（2）保证我卖的房子面积不短缺；

（3）自由退款；我们卖房给你，入住60天内觉得不合适，给你退，没有任何限制。

“三项承诺”在全国房地产市场影响非常大，甚至引起一些同行的不满。欢呼声大多来自普通的老百姓，而批评声大多是行业内人。不论市场反响如何，既然是正确的事情，王健林就要坚持施行。

“三项承诺”首先在长春的一个小区试行，由于制度到位，管理严格，小区的渗漏率非常低，近千套房中只有几套出现渗漏现象。而对于交房60天之内可随意退换的规定，一开始有很多员工担心，如果都来退房怎么办？但事实证明这样的担心是完全没必要的，小区的退房总共不到10套。

试行成功后，万达又将“三项承诺”在所有项目中进行推广。万达这样做和当社会环境是分不开的：1993年，国家治理整顿；1994—1996年连续三年，房地产行业整体利润为负，很多企业宣告破产。在极度困难的环境里，万达是怎样把市场做大，让企业获得发展的呢？就是靠“三项承诺”这种真功夫打开了市场，获得竞争优势。到1998年走向全国时，万达在大连市的年销售额接近30亿元，占全市房地产市场份额的四分之一左右。

2000年3月，大连市政府专门下发文件，号召大连市建设系统向万达集团学习，市级以上的政府发一份文件号召向一家房地产企业学习，这不仅是当时的唯一一例，即便到现在也无二家。

“我对不重视质量的现象深恶痛绝，老百姓倾尽全部积蓄，举全家或数家之力买一套房子如果质量低劣，留不是，退不是，很痛苦。因此一定要建立事前预防体系，事后要严肃处理事故责任人。”当王健林董事长掷地有声地说出这番话的时候，也同样表明了全体万达人对消费者肝胆相照的赤诚之心。

任何企业，若想在星罗棋布的同行中立足，最简单的捷径就是严把质量关。如果说水是生命之源，那么质量又何尝不是企业的生命呢？企业以质量谋生存，企业靠质量立潮头。

智慧剖析

质量是企业的生命线，我们说要为客户创造价值，就要以质量为中心。在中国的众多企业中，如万达一样，华为也可以算得上是对质量管理比较重视的一个企业。在华为制定基本法时就提出：“我们的目标是以优异的产品、可靠的质量、优越的终生效能费用比和有效的服务，满足顾客日益增长的需要。质量是我们的自尊心。”

华为有个质量圈，质量圈QCC一般由工作相关联的若干人（3～10人）组成工作小组，利用各种正式和非正式场合，通过集体交流、计划、实施和总结的过程持续地改进工作质量的方法。以华为生产车间的QCC为例，华为生产车间的QCC一般为4个或5个人，大多是生产一线员工。QCC成员的集体相被贴在车间里，旁边附上他们的工作目标和计划。在年终时根据成绩被评为“最佳QCC”的还可以受到一定的奖励。在具体工作中，各圈根据自己工作目标和计划，对自己提出的质量改进目标和方法，运用集体的智慧齐心协力地去解决。这样不但提高了员工质量意识，还缩短了解决质量问题时间，并且员工团队合作的精神和积极参与的积极性也得到很大的提高。其结果是许多新的创意和想法不断涌现，华为产品的质量水平得到大幅提升。

质量是企业的生命线，这根生命线就握在我们每个人手中，质量无小错，客户无小事。一百次决策，有一次失败了，可能让企业关门；一百件产品，有一件不合格，可能失去整个市场；从手中溜走1%的不合格，到用户手里就是100%的不合格。

“我们决不能为了降低成本，忽略质量，否则那是自杀，或杀人。搞死自己是自杀，把大家都搞死了是杀人。”华为在其基本法中对自己的质量管理方针、目标等作为制度给固定下来，从而使其质量管理“法治”化。那么，我们怎样才能将自己的产品质量做到100分呢？

1. 拒绝疏忽，不以恶小而为之

产品是企业的名片，质量是企业的生命线。工作中的小疏忽，到了客户那里就会变成大问题和大麻烦，为企业带来无法挽回的损失。

2. 将问题扼杀在萌芽状态

最好的服务不是提供给用户的产品有问题后的及时响应，而是将问题萌芽消灭在研发的初期。你在早期发现的时候，消除缺陷的成本可能是一元钱；但是如果在晚期，流向客户手中以后，再来消除一个缺陷可能需要的成本是当初一百倍，一千倍。

3. 每个员工都树立质量为本的原则

质量为本，关键还是要落实在每个人的行动上，即质量以人为本。企业要树立人品决定产品的理念，将质量意识细化到每天的实际工作中，为客户创造价值，就是坚守企业的生命线。

扎扎实实做实业

十多年前就有人介绍我去内蒙古买煤矿，搞投资，现在更多人介绍各种项目，但我扛得住诱惑，坚持发展实业。万达绝不会把投资放在第一位，更不会做金融衍生品，就是扎扎实实做实业。从现代企业历史看，很少有企业靠做投资成为世界500强，虽然有像巴菲特这样成功的投资家，但他的公司不是世界500强。做短线、挣快钱，企业很难成为世界级企业，企业家也很难成为世界级富翁。

——《王健林：万达的企业文化》

诱惑是肯定有的，诱惑是天天存在，对任何人都存在，其实如果一个人不能抵御诱惑，就不能成功，或者说他就不行。你比方说很简单自己身体对自己就有诱惑，天天睡懒觉少干活最舒服了，你要扛不住这个诱惑还能成事吗？成不了事。大家要出去创业或者去学习读书也很累，很多很多种诱惑。其实人的一生善恶存于一体，勤奋懒惰都存于一体，人是一个复杂体，你在内心两种东西博弈的时候，如果你自己受的健康教育多一点，或者你周围有好的同事哥们好的多一点你往好的地方走，否则把你带到沟里去了。

——《王健林：诱惑无法把我拉倒》

执行策略

2011年9月30日，由万达开发的世界级水岸步行街武汉中央文化区汉街盛大开街。

当被问到：这样一个世界领先的文化旅游项目，为何会选在武汉？王健林笑称是“缘分”。

他坦言，在北上广这样的一线城市做相关项目确实可能会比武汉更具影响力，但是它们却都没有武汉“东沙连通”这样顶级的自然资源。此外，从2008年进军文化旅游地产，万达也积累了足够的经验，也想做出一个超越过去，能让世人长久回味和倍感独特的商业地产项目。为此，万达曾三次更改项目名称，将多年的阅历与未来的愿景融入到项目中，最终将其命名为“武汉中央文化区”。

武汉中央文化区在产品规划、建筑特色和招商品质上，都是朝着“中国第一、世界一流”的目标奋进。王健林认为，这类项目今后不会再在国内市场出现了，因为全中国再没有这样一个城市，拥有一个规模、地段和自然资源结合得如此完美的地块。武汉中央文化区是“因缘际会，不可复制”。

但万达让世人惊叹的还不仅仅是其对项目的创新性，“万达速度”更加让人惊叹：武汉中央文化区汉街工程从拿地到开业，只用了8个月！

在追求“快”的背后，王健林更加重视的则是专业性，王健林说，做企业“要经得住诱惑”，万达只做商业、旅游和文化等具有相关性的产业，其他产业即使利润再高也不做。

正如之前所说的，万达的理想是要做百年企业，因此王健林做事目光长远，坚持追求长期利益。万达现在所从事的产业，不论是商业地产、文化产业还是旅游投资都是在追求长期稳定的现金流。万达的做事风格和方法，就是树立长远目标、追求长期利益。

十几年前，在万达刚刚发迹的时候，曾有人建议王健林去内蒙古买煤矿，搞投资，直到现在还有很多人会以介绍各种项目为由游说王健林，但是所有的诱惑他都扛住了，坚持发展实业。他说，“万达绝不会把投资放在第一位，更不会做金融衍生品，就是扎扎实实做实业。从现代企业历史看，很少有企业靠做投资成为世界500强，虽然有像巴菲特这样成功的投资家，但他的公司不是世界500强。做短线、挣快钱，企业很难成为世界级企业，企业家也很难成为世界级富翁。”

智慧剖析

2013年11月的一天，成都春熙路上的行人熙熙攘攘，放眼望去，一家叫“乔东家”的火烧店门口排起了长队，而这样的排队现象已经持续一年多了。仅20平方米的小店，6名有条不紊地忙碌着的员工，7元钱一个的脆皮火烧，一个月的营业收入可高达30多万元。乔东家，为何这样火?

如果说，近年来以土家掉渣饼为代表的街边小店先后火了一把的话，但也大多难抵时间的检验，少则几个月，多则一年的生命周期，便昙花似的瞬间凋零。如何让街边的小吃店持久火爆，乔东家给出了答案，必须把握两个基本要素：一是产品口味独特，二是必须保证真材实料。

如何让火烧符合顾客的胃口？创始人王朝中笑称自己就是乔东家最大的“研发师”。乔东家从选材到制作都有一套严格的规范，以椒香牛肉火烧为例：牛肉必须是上好的鲜牛肉，而且必须是牛腩部位。王朝中通过多次试验发现了一套“最佳组合”：牛腩+牛油+洋葱。确保味道的同时，成本也能够得到有效控制，牛腩二十多元一斤，牛油却不到十元一斤，洋葱更是只有一两元一斤。

将火烧从面皮到馅料制作的每一个环节像加工零件一样严格控制标准，这便是乔东家脆皮火烧美味的秘诀之一。

7元火烧能赚多少？一个火烧只要7元钱，还送一杯豆浆或者苏打水，乔东家是怎么做到的？经营小店有三个境界：（1）顾客觉得东西贵，老板赚钱；（2）顾客觉得超值，老板不赚钱；（3）顾客觉得老板赔了，老板赚钱。

王朝中掰起手指，乔东家脆皮火烧做到这三点就成功了。对于一个突然冒出的街边小店，每天门口“排长龙”购买火烧，已然成为马路上的一道亮丽风景。“38度高温都还在排队，有时要排半小时才能买到。”为什么能让顾客甘愿排队等候？主要原因在于真正做到了为顾客服务。

顾客购买火烧后，通常还需要一瓶水，因为火烧属于酸性，需要一瓶属碱性的水，这样才有助于平衡肠胃。通过优质的产品吸引顾客排队，通过店外电视、附赠饮品的增值服务“吸引”排队顾客，通过排队人群营造的声势来吸引更多的顾客前来购买，由此便形成了一个良性循环。甚至于，当地的导游还会介绍外地的游客前来排队购买火烧。

乔东家坚持早上七点开门，晚上十一点歇业，一天两班倒，不放过任何一个可能消费的顾客。“就是要让顾客知道，起早上班能吃到乔东家，夜晚消夜依然能吃到乔东家。生意就是要这样踏踏实实地做。”王朝中诚恳地说。

即便是接受媒体采访时，王朝中也没有任何高谈阔论，有人曾劝王朝中灵活应变，在名声打响后，可以适当在火烧的质量和服务上节约些成本，但遭到了王朝中的严词拒绝。他说成功没有捷径，乔东家的成功正是因为每一步都是建立在“踏实做”的基础上。

成立刚一年时间的乔东家，目前已有100多家店星罗棋布于各省市，而这些投资者也是慕名前来一拍即合。可见，踏踏实实做实业，不为利益所惑，不为盛名所累，才是成功的捷径。

造福社会，共创财富

万达是中国房地产企业里面，最早做节能的。我们2000年就做了一个节能住宅，效果非常好，拿到了全东北唯一的住宅鲁班奖。住宅项目拿到鲁班奖，这是极其罕见的。

——王健林谈环保

执行策略

万达早在1990年就提出了“共创财富、公益社会”的口号，让财富共同创造、共同享有成为了万达的企业特点。

早在2000年，万达开发的大连雍景台项目就成为了全国最早的节能住宅之一。当时国家还没有出台建筑节能的相关规定，万达就已凭借外墙保温技术，并结合建筑和采光设计，使节能率达到了65%。在冬季，大连的气温最低能达到零下十几度，但雍景台的住户则基本不用取暖。

雍景台项目作为节能试点大获成功，四年后，万达又在大连华府项目中推广节能措施，入住几年后，物业发现近50%的住户冬天不买采暖卡，因为采暖是分户计量，这也就表明五成左右的住户冬天无须采暖。

2003年，万达在江西南昌开发了一个百万平方米的“万达星城”项目，这也是全国房地产企业中首次在长江以南地区大规模使用外墙保温技术，节能效果非常好，“万达星城”也因此被评为了江西省的环保节能示范住宅。

同年早些时候，万达还在昆明开发滇池卫城项目，由于项目邻近滇池，万达主动提出要做环境影响评估，这也成为了全国第一个做环境评估的住宅小区。虽然当时国家并没有硬性要求住宅一定要做环境评估，但万达意识到滇池的污染已经比较严重，不能再给它增加负担，因此不仅做了环境评估，同时小区还自建了污水处理厂和雨水收集工程，从而实现小区污染的零排放。

“从这些看起来，万达不只是捐款，在节能、排污、环保等方面，我们比国家提出口号和标准都要早几年。”王健林说。

“作为全国最早推行节能建筑的企业之一，早在2001年，国家尚未出台建筑节能相关规定时，万达就已有意识地涉入绿建领域。2011年，万达发布了集团节能工作规划纲要，使绿色建筑节能工作进入有计划、有管控的实施阶段。”万达集团高级总裁助理、规划院院长赖建燕介绍说。

自2009年，国家住建部颁布“绿色建筑评价标准”以来，国内大型商业建筑类绿色设计标志及绿色运营标志全部由万达集团收入囊中，万达集团俨然成为了业内绿色建筑实践的标杆，坚定地走绿色之路。

2011年，万达有16个万达广场和两个酒店获得绿建认证，自此之后，王健林也要求所有广场和酒店都要通过绿建建筑和运营认证。和设计认证比起来，运营认证其实更难获得，但王健林认为，既然有两家酒店能够做到，其他公司也应该能做到。也正是这样的野心，培养了万达员工的节能理念，也推动万达坚定地走绿色之路。

除了绿色建筑的推广，万达从2013年开始，坚持所有住宅都精装修出售。这不仅是节约多少钱的问题，更是培育全社会节能理念的问题，这种理念不可能一天两天就形成，需要几十年的持续努力、长期积累。

在互联网时代，万达也十分注重信息技术的发展，万达在对新建及在建的万达广场都实施了严格的“万达节能标准”，确保绿建节能高标准、高起点。

据相关介绍，万达每年都会安排专项资金进行节能技术的开发和改造，积极采用新技术、新工艺、新材料，不断淘汰高耗能工艺、设备和产品。目前，万达正在建设“一键式”集中控制系统，系统建成后，近2000万平方米的持有物业将能够实现不同地域、不同时段、不同业态的一键式智能化集中管理，从而节约大量能源。

越是成功的企业，越要在社会环境严峻的情况下担当起节能环保的“急先锋”，罗马城不是一天建成的，节能环保也不是一日之功，稍有松懈，就将酿成大祸。万达深谙这一道理，因此时刻将“共创财富、公益社会”的口号铭记在心，以造福社会造福更多的民众为最终目标。

智慧剖析

马云在首尔大学的演讲中说道：如何让中国的经济更好？ 我们看到今日的环境，有雾霾、水、食品的问题，我们都很沮丧，我们怎样可以做得更好？ 我相信互联网不只是一个赚钱的工具，而是一个改善社会的工具，是改变人们思考方式的工具。

不仅是马云，新东方的“校长”俞敏洪也发出了倡导：在2013年两会上，俞敏洪给全国政协提交了《政府应出重拳以最严格方式治理水污染》的提案，其中指出“现在有些地方政府以保证GDP发展为名，置环境污染于不顾，以牺牲老百姓生命和幸福为代价，这种做法无异于饮鸩止渴，杀鸡取卵，简直与犯罪无异”。因此，他呼吁“是时候开展一场‘全民水资源保卫战’了”。

俞敏洪之所以提出这样一个呼吁，与他的成长经历密切相关。俞敏洪是在山清水秀的环境中长大的，在他童年的时候每一条河流，不论大河小河，随时都可以跳进去游泳，随时都可以捧起河水来喝。俞敏洪说：“口渴的时候，路过一条小河，用手把上面漂的树叶拨开，下面就是碧清的河水，就可以喝了，我从小喝到大也没生什么病。”

但是两年前，但他再回到家乡时发现，不要说是河水，连井水都不能喝了，因为井水都是臭的。虽然每家都已经装了自来水，但是生活在这样脏臭的环境中还是不行的。最重要的是环境问题不仅仅是水的问题，还带来一系列的问题。

虽然连续五年来每年两会都有人在提环境污染的提案，但俞敏洪还是坚持要出一份力，他认为，只要多一份力量，政府就会多一份重视。既然当了政协委员，就要履行好责任。这也和俞敏洪对企业的管理主张不谋而合，在新东方如果有一个员工因为某个问题不断给俞敏洪写信，而且不止一个员工写，那么俞敏洪就会高度重视。

除此之外，俞敏洪还主张要“限制企业排污应靠重罚”，这也缘于他第一次他去美国时，发现马路两边竖着牌子，牌子上写着“从汽车里往外乱扔东西罚款2000美元”，金额之大令人唏嘘，在当时2000美元还被看做是天文数字。而这样的结果就是美国的马路上没有人扔东西，这就是重罚的功效。

马云和俞敏洪身为企业家，但同时也是社会中的一员，他们在经营好企业的同时，不惜在社会上疾走呼喊，这样的企业家责任意识值得更多的人学习和效仿。

危机感不可丢

问：万达有没有危机，最大的危机是什么？

王健林：企业做到这么大，我非常有危机感。第一，来自中国的传统文化，“行出于众，人必毁之”。所以要经得起批评，经得起检查；第二，企业发展大了，管理难度也大了，要防止管理漏洞；第三，我是创业者，又是企业实际领导者，如果我个人出了什么问题，这个企业还能不能往下走？所以我也在加快选择接班人，今年年底、明年年初就会有制度和架构上的全面改进，会让一些年轻人担任更重要的领导岗位。最近三年，我和总裁形成了分工，具体工作已不太过问。

——王健林做客《波士堂》的讲话

执行策略

哈佛商学院教授理查德·帕斯卡尔曾说过："21世纪，没有危机感是最大的危机。"创建过亚信公司、中国宽带产业基金，担任过网通总裁的田溯宁也认为："企业成长的过程，就像是学滑雪一样，稍不小心就会摔进万丈深渊，只有忧虑者才能幸存。"

企业经营的越大，随之而来的问题和漏洞也就越多，作为领导者和经营者，王健林时刻保持着非常的危机感，时刻战战兢兢、如履薄冰。

有人问华为的任正非，华为二十年后是什么样子时，任正非答道："坟墓。"面对同样的问题，王健林表现得则相对自信，他说要把万达建设成为百年企业，但他也强调自己并非没有忧患意识。2008年万达第三次转型，大规模进军文化和旅游板块，王健林主张顺势而为，看企业不看三五年，要看30年，50年，在他看来，这本身就是忧患意识。

2013年1月，王健林在万达内部做了《2012年工作总结》的主题演讲，演讲首先肯定了2012年公司取得的优异成绩，随后也坦陈了在企业管理和经营中存在的问题。

在王健林看来，首先必须引起重视的是万达有感染"大公司病"的迹象。

所谓大公司病，就是指随着企业规模的变大，效率则愈加低下。万达尽管一再警惕防范，但还是染上了这种"病症"。

举例来看，在长白山国际度假区，抚松县政府想把所有委办局都迁到行政中心，提出用260亩地和万达交换。这原本是一件好事，委办局若全部搬过来，行政中心也就自然形成了。但报告给万达集团的相关部门后，在长达20天的时间里，相关负责人员既不决策，也不上报。以致等王健林去查看滑雪场时，白山市委书记、抚松县委书记再次反映，他才知道这一情况。近年来，万达有关部门审批时间过长、影响效率的现象时有发生。

其次，万达集团内部的管理工作仍存在不到位的现象。

万达集团的总裁丁本锡去天津河东万达广场考察时，发现步行街当中有摆摊、搞促销的现象。更加深入地调查后，发现不仅是河东区的万达广场，天津多个万达广场都存在这种现象。

究其原因，确实存在一定的客观原因。由于初期测算的原因，管理公司的经费存在不足，这些公司可能出于不想给集团添麻烦的好心，遂自己搞创收。虽然没有相关处分施行，但这充分说明了管理存在漏洞。万达明文禁止在步行街上摆摊，但令不能行，禁不能止。

王健林在会上说，从2013年开始，如再发现在步行街摆摊的行为，发现一个撤一个商管公司总经理的职，决不客气。类似的管理不到位的问题，要坚决杜绝。

最后，万达还存在腐败现象屡禁不止的情况。

万达的审计部就相当于纪检部，每年都会发审计通报，每次通报都会有人员受到处分，甚至移送司法的人员也有不少。但即便如此，腐败问题还是屡禁不止，特别是在招投标、采购、招商等环节，出现频率只升不降。

王健林总结了两方面的原因：一是中国还处于发展的初级阶段，社会风气普遍不正，贪腐现象比较严重，因此万达也受到了波及。二是自身的教育管理没做到位。万达提供的待遇已经很高了，但还是会有人不自觉；很多员工只顾眼前利益，而不去考虑被开除的后果。万达曾开除过一位职位相当高的高管，集团要发通报，他反复求情，说怎么处分都行，就是不要通报，通报后就不好找工作了。但在腐败行为发生时为什么不这么想呢？因此，王健林并没有手软，必须通报。

除去企业的管理漏洞问题，王健林的危机感还来自于对自身问题的担忧。

王健林承认，如今他最担心的问题主要有两个方面：一个是将来接班人的问题，究竟谁来接班，是自己的孩子还是有资历的三四十岁的总裁、副总裁？很多人都等着看，接班人必须能够服众。王健林从企业安全的角度出发，给自己定了一个直到2020年的期限，决定奋斗十年再别商海。

第二个方面就是国际化的风险应对，如何能够把握好。万达目前“走出去”的四个项目都很成功，但是如果将来做到1千亿美元，其中有20%、30%来自海外收入还保证赚钱，这样的事情有多大保证？万达的企业经营方针从“老实做事、精明做事”，到五六年前提出“国际万达百年企业”，如今的目标则是成为世界跨国企业。

智慧剖析

在现代社会，竞争日益激烈，无论身居何种职位，我们都会感到危机感。许多人因为压力而焦虑难安，许多人因为压力而日夜奔波，还有人甚至在压力下妥协崩溃。但是，正如孟子所说：“生于忧患，死于安乐。”如果失去了危机感，就会失去事业和生活的重量感，进而满足现状，不思进取，不敢开拓和冒险。

聪明的员工、企业家和政府，都善于在逆境中勇敢面对危机感，在顺境中保持忧患意识，使自己能够坚持不懈地努力。所谓居安思危、未雨绸缪、有备无患，就是这个道理。

微软的比尔·盖茨总是感到危机感的紧迫存在：“微软离破产永远只有18个月。”海尔的张瑞敏总是感觉：“每天的心情都是如履薄冰，如临深渊。”联想的柳传志说：“你一打盹，对手的机会就来了。”

这些身经百战的创业家们都深知缺少危机感的后果。我们每个人的内心也都需要适度的危机感，使自己保持进取的斗志，保持人生开放的胆量。黑夜和白天总是密不可分，没有黑夜就没有白天。危险和机会并行，而机会的背面就是危险。

对于企业员工来说，危机意识是不可或缺的，不要觉得失败离自己很远，不要认为危机感只是管理层应该具备的，任何缺乏危机感的行为都有可能造成不可挽回的损失。

那么作为普通员工，要如何才能不被安全感迷惑，时刻保持危机意识呢?

1．在公司最顺利的时候，也要做最有危机感的员工

俗话说：人无远虑，必有近忧。一片平静下可能正在暗流涌动，太平盛世也难逃覆灭的危机。所以，我们要清醒地知道，当你停下休息时，别人正在奔跑。

好的员工应该是公司的发动机，而不是一颗螺丝钉，不会坐享其成，而是努力奔跑，激流勇进。

2．最大的敌人是你自己，不要被以往的成功绊倒

在危险的环境里，保持清醒是容易做到的；但是面对胜利，却很容易被冲昏头脑。所以说，从失败走向成功并不容易，而从成功走向更大的成功则是难上加难。

在取得成绩后，我们绝不能躺在功劳簿上睡大觉，而是要更创新进取，只是吃老本的话，终将坐吃山空。

3．防微杜渐，勿以善小而不为

千里之堤溃于蚁穴，对任何一个细节的忽视，都有可能造成致命的危险。英国最老牌的贵族银行就是被一个交易员拖垮的。所以，对于任何会给公司造成影响的小事都不能忽视，查缺补漏，不能有一丝一毫的玩忽职守。

熟悉李嘉诚的人都表示，他是一个危机感很强的人，他每天90%的时间，都在考虑未来的事情。他总是时刻在内心创造公司的逆境，不停地给自己提问，然后想出解决问题的方式，“等到危机来的时候，他就已经做好了准备”。

人类社会只有经过持续不断充满危机感的时代，才能够达到真正意义上的辉煌；而每个员工也只有经过持续不断充满危机感的岁月，才能够走向真正意义上成熟而灿烂的成功。

第八章

做好管理，以制度促进落实

设计制度，防范风险

我们制度设计基本要求是不给员工犯错机会，把问题尽可能设在制度里面。我十几年前经常讲一句话，不靠忠诚靠制度，忠诚不是不变化的，今年有忠诚度明年就不一定有了，这个月有忠诚度下个月不一定有了。现在诱惑多，我们的人不断被挖走，有的人干了一段时间有经验，自己出去闯荡，私营企业经常出现这种情况。所以我们现在要求设计制度，条件必须建立在不信任任何人的基础上，以防范风险。

——《王健林董事长讲“创新的企业管理”解密高速发展和超强执行力》

执行策略

万达的制度设计有一个特别之处，就是注意不给员工犯错的机会，而不是说像有些企业，出了事后拼命惩罚员工，但在操作中却不注意堵塞漏洞。王健林主张，制度设计的基本要求是不给员工犯错机会，把问题尽可能设在制度里面。

王健林在十几年前常讲一句话，不靠忠诚靠制度，忠诚是会不断变化的，今年有忠诚度但明年就不一定有了，这个月有忠诚度下个月也不一定有了。面对诸多的诱惑，万达的优秀人才不断地被挖走，也出现过员工干了一段时间有了经验，就辞职自己出去闯荡的情况。

因此王健林要求设计制度，条件必须建立在不信任任何人的基础上，以防范和降低风险。万达每年新增投资至少超过千亿，若加上续建则会更多了，平均每年有20个酒店开业，有60个酒店在建，可谓投资巨大。

建设行业在全世界范围内也是最大的一个行业，事故频发，且涉及招投标、安排施工队伍、材料采购等。因此必须未雨绸缪，不能心存侥幸、敷衍了事。万达约在10年前，就开始着重建立品牌库制度，招商有商家品牌库，设备有设备品牌库，工程有工程品牌库，要求行业前三名企业的产品进去，入了品牌库才能投标。而且万达所有招投标都是在网上进行，不提倡招标部门和商家见面，以考察商家为目的的见面，在考察完后必须如实报告。品牌库规定每年跟进一次，一旦发现品牌商家有行贿行为，或者出现产品质量问题，维修不及时便可以毫不留情地踢出去，决不姑息。

在万达还有一个轮岗制度，财务、成本人员三年轮一次岗。有的员工不愿意去外地，王健林说，不愿去就解聘，没有什么可商量的。长此以往便形成了文化，如今面对调动，员工们就不再有异议了，因为大家都知道不去不行，这是强制制度。只有制度强硬、面面俱到，才能尽可能地杜绝一切问题和风险，确保企业的健康经营。

智慧剖析

对于企业来说，制度是实现组织目标的必要条件，在制度建设中要坚持这样的要求：“有制度，就要坚决执行制度；制度不合理要先执行再完善；没有制度就要建立制度再执行”。

缺乏管理的刚性约束条件，是中国很多企业落实力低下的原因。刚性的约束机制是落实的保障，是一个团队生存和作战的保障。没有了约束机制，这个团队就会像一盘散沙，各自为战，没有凝聚力，落实力更无从谈起。

落实制度本身比制度更重要！如果没有切实的落实，制度只能在文件夹里睡大觉。一些人总是靠会议落实会议，靠文件落实文件，靠讲话落实讲话，习惯于当“收发室”“传声筒”，认为只要是会开了，文件发了，话讲了，工作任务就落实了，结果却是层层喊落实，层层不落实。没有落实，一切制度的制定都等于零，有时甚至比等于零还严重得多。所以，落实需要刚性的制度来保证，没有制度的约束，就没有理想和目标的实现。英国著名文学家莎士比亚在其所著的《特洛伊罗斯与克瑞西达》中说：“纪律是达到一切雄图的阶梯。”这句话很有道理。在完成工作任务的过程中，任何组织成员要想实现最终的目标，把工作真正落实好，就要运用制度这个约束的“阶梯”。

在制度的刚性管理上，我们可以借鉴军队的管理制度。军队纪律严明是有目共睹的，军队在纪律的约束下形成了既定的行为模式，使落实力的形成有了保障。春秋时期就有“孙武斩宠姬以示军威”的例子，那时的孙武已经明白，要想使下属富有战斗力，提升他们乃至整个组织的落实能力，关键的因素就是在各项工作的落实中以严明的纪律和制度作为保障。在军队中令常人看来难以接受的纪律之下，产生的是一个又一个的钢铁战士。

正是在这些制度的约束下，才有了组织内部的密切协调，才有了每一次战斗任务的顺利完成，才有了完美的落实能力和精锐的战斗能力。

没有规矩，不成方圆。任何组织都必须制定相应的规章制度，建立正常的工作秩序。要在工作中推行落实的理念，就必须设定严明的纪律，因为，落实是以纪律和秩序为前提的。如果一个组织有令不行、有禁不止，那么再好的发展战略也不可能得到有效的落实。

要搞就搞能用的制度

万达制度最大特点就是我说的有用。万达有一个万达学院，投了十几亿，现在同时可以容纳几千学员，学院院长让我提两个字，我就提了两个字——有用，这就是万达学院最大的目标，别整了半天没用，培训完和没培训没什么区别。

制度也是一样，有制度和没制度没什么区别，这个制度就是失败的。我们一定要做到操作性极强，万达所有制度都要上信息中心，运用到网上去。

——《王健林董事长讲"创新的企业管理"解密高速发展和超强执行力》

执行策略

王健林说，要搞能用的制度。

万达非常重视企业制度建设，25年前，当王健林刚进入企业的第一周就搞了一个名为"加强劳动管理的若干规定"的规章制度。经营万达20多年来王健林搞出的制度更是数不胜数。

数量上有了保障，质量上也要提升。如今，王健林规定平均每两年就要修订一次制度，因为企业是在不断发展，制度也要随着更新，有一些过时的要删除，有一些缺少的则要添加。修订的参与者从王健林到总裁、副总裁，以及各个部门全部都要参加，一般历时3个月左右，每年的9月开始。

王健林一直在强调，制度的字数不能增加，还要把事说清楚，要说有用的话，要有可操作性，实用第一。

万达商业地产有一个关于投资的制度，这个投资制度在修改之前只是简单地说明必须做什么样的投资，但是事实证明并不好用。于是在10年前，万达就把它编成了“商业地产投资100问”，在5年前又把它合并成“商业地产投资50问”。这50个问题，就包括了天上地下的所有，且诠释得格外清楚。比如地下有没有障碍物、有没有配套、当地的建设成本多少、人工成本多少、税费多少等。类似于这样的50个问题都规定必须用数字回答，“大概”“基本上”这样的词语禁止出现，必须用数字来支持回答问题。那么若能把这50个问题搞明白，这个项目也就再清楚不过了。更重要的是等新员工到这个部门后，只要用这一本发展投资制度，就会非常清楚，可以很快投入操作。

再以万达的规划设计制度为例，万达把万达广场、万达酒店和文化旅游项目的投资分别划分成三个级别：A级店、B级店和C级店，划分级别之后，每一个等级都会制定若干条强制条款和非强制条款。例如，有很多消费者觉得万达的地下停车场特别敞亮，赞不绝口，殊不知这也是多年摸索出来的结果：万达规定停车场的高度必须要达到4.8米，一般停车场的高度都只有3.6米，为什么万达一定要做到4.8米呢？这是为了若干年以后，能够安排机械停车位，倚仗成熟的技术，如今两个车位可以做出五个车位，全部下来大概能增加70%的停车位。

万达的商业管理现在全球排名第二，至2014年年底随着商业地产面积达到全球第一，万达将成为全球最大的商业管理企业，而其在历史发展中也形成了十几本自己的制度，例如开业手册。

万达的开业手册不是只有简简单单的几句话，每本都大概有三四万字。甚至距开业多长时间之前商管就进场也有清楚的规定。A级店提前多少，B级、C级店提前多少，进场后要做什么工作，从第一周一直到开业后，每一周抓什么工作，每一个月商家达到什么程度，完成什么样的评估等，都只要照着制度执行就可以。万达开业手册最大的好处，就在于照顾到了没有参加过开业的新员工，无须特意教授，新人拿到这本制度后，就会清楚地知道应该干什么。除开业手册外的招商制度、运营制度、内部装饰等，都规定得非常细致周到，包括图片和操作流程，完全简单易懂。

因此，万达制度最大特点就是实用。万达曾投入了十几亿建了万达学院，可以同时容纳几千学员，学院院长曾让王健林题字，王健林大笔一挥，写了两个字——有用，这也是万达学院最大的目标，培养出有用的人才，坚决不能培训完和没培训没什么区别。

制度也是如此，如果有制度和没制度区别不大，那么这个制度就是失败的。只有做到操作性极强，才能真正发挥辅助经营者管理企业、规范执行的重要作用。

智慧剖析

如果把企业比喻成一个人，企业高层就是大脑，中层就是脊梁，基层就是四肢。打造企业的落实力，企业领导者是第一执行人，也是第一责任人。企业领导者常常坐在办公室里痛斥下属落实不力，团队的落实力，很大程度上源于领导者的落实力。企业经理层必须永远记住：兵熊熊一个，将熊熊一窝。因为权力与责任都在管理层手中，企业高层必须时刻关注执行，作出快速的决策与反应，带头重视公司的制度和流程，建立组织的执行体系与落实力文化等。

无数事实证明，遵守规章制度是企业正常运行的基本保障，规范操作则是提高企业员工执行力及组织运行效率的根本手段。

1. 不允许的绝不做

现代企业管理，从根本上说就是制度管理，在一个成熟的企业里制度既是办事的标准，又是管人的准则。正所谓“没有规矩，不成方圆”。每一个企业都是依靠合理的制度和运营机制来规范员工行为，确定明确的岗位条例，让大家知道哪些事能做，哪些事不能做；应该做什么，怎么做，又怎么能做好。企业管理制度不允许的事情，无论是员工还是领导绝不要做。

2. 按制度执行

我们往往缺的不是制度，而是制度的执行力。打了卡然后去吃早餐；晚上打了加班卡之后回去睡觉；借着工作的名义办理私人的事情；顶着公司的制度做一些违纪违章的事情……这都是不允许的事情。

一个不尊重企业制度、不遵守企业纪律的人，不可能是一个有团队精神的人，也不能是对企业负责的高效执行员工。一个企业一定要培养员工的规则意识，严格遵守企业的规章制度，把企业的规章制度落实到位。

现在在很多公司的管理中，领导会强调，用简单的管理规章，一看就比较明了的内容，篇幅不要太长的形式来进行有效管理。从理论上说，这种管理规章是所有企业一直在追求的管理规章。为什么呢？一看就明白，就是提高效率，篇幅少就是可以减少学习时间。在量和质都达到了这个要求，似乎是方案的最佳状态了。但是这种管理思想一般缺乏可操作性。理论上比较美妙的东西，执行起来往往难度很大。

简单的操作步骤，执行起来更能让人得心应手。操作性越强，执行也越容易到位。对此我们应该做到：

第一，尽可能用简单明了的语言，单句文字尽量控制在8个字以内。

第二，在面对原则性的条款时，要有解释，对原则性的范围进行相应的阐释。对有歧义的文字坚决不用，若非用不可，则将自己要表达的意义阐释清楚；对于一些专业术语用口语进行解释。

第三，方案的篇幅尽可能地长些。这个长并非为了长而长，而是对于一些细节，以及可能出现的危机，出现危机的解决方法，理解偏差造成的损失，对于各条例使用的范围和期限进行必要的说明和解释。

第四，在成熟型企业的管理中，最大问题是风险控制。降低内部效率损失，降低歧义和解释不清带来的经济效益损失，避免成为日后风险的集中地。

第五，对于下发的每一个命令都需要进行相应的培训和必要的阐述。对于新进员工，宁可多花两天进行公司条款的详细培训，也不能仅仅告知原则性问题，而忽略概念阐释，否则就增加了执行出现偏差的风险。

将考核指标量化

规矩定了，关键看敢不敢较真，这就看管理水平。比如我们有的影城有一年可能指标定高了，有相当一部分影城算下来一分奖金都没有，干了一年了，敢发和敢不发都要较真。在万达没有情面讲，都是按制度。

所以，在万达有的总经理比总裁、副总裁拿得多，同样在一个公司里你可能薪金比别人少3倍，慢慢就习以为常了。再比如招标，一次电缆招标很大额度，我们要求就是前三名单位，有个主管副总裁想让排名几十名的单位中标，他找这个做工作，那个做工作，而且趁招标经理出差的时候，说你不能跟总经理说，副总裁觉得过线了，想来想去也没报，后来这个事暴露出来，二话没说开除。你带头违反这个制度，副总裁也不行。万达就是敢较真，严格奖罚。

——《王健林董事长讲“创新的企业管理”解密高速发展和超强执行力》

执行策略

在一些版本的故事里，王健林被描述成了一个“红二代”，他的父亲是参加过长征的老红军，曾任西藏自治区副主席。而他也因为有着十余年的部队经历，深深刻下了军人的烙印。纪律严明、敢于较真的军队作风也体现在了他对企业的管理上。

在万达，王健林要求所有考核都要量化，不要凭主观感觉。

对经营部门来说，量化不是件难事；但是对于非经营的部门，比如人力资源中心要怎么量化考核呢？王健林自有方法：每一年我们会把项目梳理出来，需要多少高管、多少一把手，需要招聘多少人；按照制定的储备制度，来决定至少需要储备多少人。甚至针对某一类人提出的需求，在规定的期限里必须完成到位，指标全部量化，必须严丝合缝，没有一点空子可以钻。只有将考核指标量化，才能彻底防止主观感觉，万达很清楚这一点。

万达还成立审计部，所有部门每年审计一次。审计之后会出现三种意见：第一种是管理建议书，没有任何处罚，只是对症下药提出建议；第二种是整改通知书，罚到什么级别要罚多少钱，都有明确的说明；第三种是审计通报，这是针对比较严重的问题，其结果基本上是开除。

万达的审计异常严格，自实行以来也确实开除了不少人，几乎每年都会有人被送到司法机关。王健林说，党的三中全会提出来，私营经济财产同样不可侵犯，我觉得这非常好。这种内部审计制度对内部人员违规是很大的震慑。

因为奖惩严格敢较真，万达的管理执行能力非常强。很多人都感叹万达的企业管理就像军队一样，概括来说就是四个字——令行禁止。

王健林不允许任何家人进入万达工作。太太拿到钱成立了自己的投资公司；儿子王思聪自英国留学归来后，一直担任万达集团的董事，自己在外投资竞技游戏产业；四个弟弟也循规蹈矩地在老家做小生意，“王健林是家里的长子，他在家说话，几个兄弟都不敢吭声。”王健林的家庭性格是遗传自父亲的结果。

而对于外界关注的财富传承之事，已近天命之年的王健林给自己留了十年时间，在这十年里，王健林打算建设职业经理人团队，希望未来可以通过家族信托的方式传承财富。此外，问及子承父业之事，王健林说：“我给他（王思聪）两次失败的机会，两次失败后就要老老实实回归万达。”

不可否认，军人由于部队大熔炉的淬炼，其气质、意志等方面的优点，往往能在社会的激烈竞争中后来居上、脱颖而出。高度的组织纪律性、绝对服从的意志力以及永不服输的精神，都是他们身体里流动着的特质。

王健林的军事化管理风格，也正是助推他和万达在波诡云谲的商战中如鱼得水、屡立战功的原动力。

智慧剖析

在组织管理中，严格的管理制度是企业高效稳健运营的保证，如果监督不力，过于散漫，不仅留不住员工，反而可能使企业的长远发展陷入困境。

IBM前总裁郭士纳认为：“如果你强调什么，你就检查什么，你不检查就等于不重视。”可见，监督不力，则落实不力。监督能够确保一个组织按照规划的时间进度表去实现目标。不断地监督和跟进，就能够有效地发现规划和实际行动之间的差距和问题，并促使管理者采取相应的行动来协调和纠正，以期按时完成阶段性和整体性的目标。

现实中，在监督方面，很多企业都存在着以下问题：

1. 缺乏系统、完善、规范的监督机制

现在越来越多的企业已经开始意识到监督的重要性，开始重视监督机制的健全完善，但很多还是停留在领导者的想法和做一些表面文章上，并没有具体制定系统、完善、规范的监督制度，这就容易造成“无法可依”的严重后果，只能是靠执行者的自觉、自愿和个人自发的某种积极性。

不可否认，在任务执行过程中，员工的自主能动性和积极性是非常重要的，但人的因素也是最复杂的、最难控制的，在制度的约束和有效监督体系的督促下，再加上个人的主观能动性，这才是执行的最佳组合。

2. 缺乏合适、有效、到位的监督手段

即使有了完善的监督体系，但如果没有相应的监督手段，那么有效监督也是空谈。

因为有些行为有着很强的行业特点和特殊性，而且所涉及的问题可能也是非常敏感的，因此在实际的监督中，就要非常讲究监督手段的多样性和艺术性，否则不但起不到有效的监督，反而会适得其反。

3. 缺乏实实在在的、细节化的监督行为

这种情况在实际操作中很普遍，如果一个制度或体制流于形式，那么再好的制度、再合适的方法都没有用。监督行为应该实实在在，贯穿到执行的每一个环节、每一个细节，只有这样，才能真正起到监督的作用。如果任务执行过程中的每一个环节、每一个细节都在企业的有效监督、控制下，而落实效果却有偏差，那就应该是一种不可抗力或实际困难太大。

监督不力会直接导致责任落实的不力，作为组织的管理者，一定要做好监督控制工作。

工作监督控制通常有三种方式：一是管理者依据工作计划、工作进度与事先预计，安排自己在合适的时间（便于发现和解决问题的时机）去跟踪检查；二是约定执行者在什么时候、什么情况下应该汇报工作进度与相关情况及相关原因；三是相关职能人员（跟单员、助理、品管员等）应在什么时候进行跟踪监控、回馈信息或递交报告等。

对于监督的结果，好的要给予表扬、肯定甚至奖励，总结成功经验；坏的则要及时纠正，要吸取教训，同时要追究责任。

大事要集权，执行需授权

一个诸如沃尔玛般庞大的商业帝国都可以通过这种集权式模式如此高效率地运营，万达也一定可以做到。

——王健林谈沃尔玛

执行策略

万达副总裁尹海在谈到万达管理方式选择时提到沃尔玛等连锁企业说："董事长对于总部控制的理解，最早来自于沃尔玛等连锁企业。他们是万达最早的商业启蒙者。"

沃尔玛采用的管控模式具有三大优势：

优势一："中央集权"的管理体制

沃尔玛采用的是"中央集权"的管理模式，万达也采用了同样的管理模式。王健林深信，一个诸如沃尔玛般庞大的商业帝国都可以通过这种集权式模式如此高效率地运营，万达也一定可以做到。事实证明，万达成功地做到了这一点，从万达有序发展到今天庞大的规模已经充分显示了这种管理模式的强大之处。

沃尔玛的总部与分店的职权划分是非常清晰的，这也是万达过去、现在和未来仍在学习的地方。因为沃尔玛的这种职权划分是通过长时间证明非常有效的，万达不可不学。

对于王健林来说，他在员工眼里依然是整个万达机体运作的核心动力。客观来看，这样的好处是什么事找他就能拍板，但坏处是什么事也只能找他。万达内部亦有人说，现在机体成熟度不一样，有些部门须臾离不开王健林。而每周例会上，高管们还要就一层楼厕所的摆放方位听他的指示，原因是“团队中没有谁比他更精准地理解商业地产”。

优势二：“倒金字塔”式组织结构

就一般的管理理论而言，单看万达的组织结构模式，不难看出是“金字塔”结构。而从组织层级、职责划界和管理密度等管理的“质”上来看，它却是个头重脚轻的“倒金字塔”结构。

稳不稳，暂且不论。这样“倒金字塔”式的中央集权管控模式，不算万达的董事层，万达管理就有专业委员会、系统总部、职能部门、区域公司和项目五个层次。其中前三个层次在集团。这个还不足以说明其头重脚轻。被归入集团的三个层次做什么呢？以开发地产为例，反过来从项目上看。万达的项目公司做什么呢？两件事，建造和销售。而且这个销售还只是销售实施。其他的工作呢？从拿地、规划设计、招商、成本控制、财务管理，甚至销售计划……全都由其他层次做了。所以，与其说万达是金字塔机构，不如说是倒金字塔，这是一个高度集权的结构。

在“倒金字塔”管控模式下，万达继续向沃尔玛学习，着力进行了针对整个组织系统的信息化建设，并取得了良好效果。万达在信息化的系统建设和人力配置上不遗余力，构建了及时准确传播信息的渠道。

优势三：“眼明脑快”的信息系统

苹果公司前总裁乔布斯曾经说过：“如果全球的IT企业只剩下三家，那一定是微软、Intel和戴尔，如果只剩下两家，将只有戴尔和沃尔玛。”沃尔玛的信息化程度已经达到了惊人的地步：沃尔玛拥有全球最大的商业卫星通信网；拥有全球第一个物流数据处理中心；是全球最早采用计算机跟踪存货和应用无线扫描枪的企业。

沃尔玛通过信息化手段，实现了整个组织即时有效的沟通，极大地提升了其资产运营的效率，实现了比竞争对手更低的成本战略。

万达的管控模式是在积极学习沃尔玛的过程中，密切结合自身经营实际情况而形成的，是其发展的内在要求。在从确立到应用的过程中，有两大启示值得借鉴：第一，集团管控能力作为万达的核心竞争力之一，经历了先模仿，再成长的学习过程；第二，万达信息化手段的使用不是“为用而用”，而是因为集团管控的要求所催生的，而“中央集权”的管控又是因整合产业链所要求，全产业链的视角与其战略定位相吻合。

智慧剖析

领导者的精力是有限的，不可能也没有必要凡事都亲历亲为。多想多看，少说少干，大权独揽，小权分散，这是高明管理者必须掌握的原则。

具体来说需要注意以下几点：

1. 学会放权

领导者千万不要大事小事都要“事必躬亲”。你只有站在一旁观看，才能真正“旁观者清”而避免“当局者迷”，才能更公正、更有效地判断是非曲直，才能真正看清哪些事情是企业应该坚持的，而哪些事情是需要改进的。相反，如果不懂授权，事事都由自己来决策和执行，那么，事必躬亲的结果必然是一事无成。我们现在很多的领导，之所以陷入“越忙碌越盲目”的怪圈之中，就是因为他们事必躬亲、不敢放权。因此说一个领导不会放权就做不好领导，失去了做领导的最大资本，这绝非危言耸听。

2. 政策制定集权，执行授权

集权与分权是一对欢喜冤家，既互相矛盾，又密不可分。怎样才能化解它们之间的恩恩怨怨，使之发挥最大的整体协调效应呢？要达到这一目标，可遵循这样一条原则：政策制定上的集权和执行上的分权。

3. 不干预下属工作

聪明的领导，总是给下属提供自由的工作环境和广阔的施展空间。聪明的领导，在把任务交给下属以后，就不再去干涉他们。虽然他们也在恰当的时候与下属一起商讨最佳的解决问题的方案、最优的做好工作的方法，但是他们却让下属自己去决定该如何处理交给他们的事情。

4. 授权之后，仍应监督

企业管理者的授权，将权力下放给员工，并不意味着自己完全做个“撒手掌柜”，就可以对下放的事不管不问。授权要像放风筝一般，既给予员工足够的空间，让他拥有一定范围的自主权；同时又能用“线”牵住他，不至于偏离太多，最终的控制权仍在领导的把握中。

5. 把任务授权给合适的人

企业管理的精髓之一就是分解工作，分配各种资源，把工作指派给最为合适的人。作为一个管理者来说，把任务授权给最合适的人是最重要的。用最简洁的话来讲这个观点，就是指管理者向员工分配一项特定的任务或项目，这个项目要从员工的兴趣、特长出发，最终保证被指派者能够顺利完成该任务。

6. 掌握授权的范围

大体而言，以下的这些工作可以考虑分配给下属去做：

可以提高下属办事能力的工作，比如收集某些统计数据、重新检讨该部门的工作量、提出对于未来发展计划的建议等；

必须是赋予一件完整的工作，而且有明确的责任归属。如果只是要他们来“蹴一脚”，对提升他们的成就感将毫无好处；

只需关起门来思考就可以自行决定的单纯事务，而且有一套明确的判断标准可供依循，不致因个人主观因素而产生失误。

在另一方面，以下的这些工作则不应授权给下属去处理：

只有主管才能过问的事务，像员工的薪资调整方案、部门的年度生产目标，以及若干涉及组织业务机密或是较为敏感性的事件。

不是一件完整的工作，不易分清责任归属；

很单调而琐碎的例行性业务；

需要召开会议才能决定的事务。

信息化管理才不会被淘汰

万达为什么能够发展得这么快，我想无非以下几个原因：……第二，我觉得是我们的信息化，公司的管理水平。我们在很多年以前，就成立自己的信息研发管理中心，在海内外招聘优秀人才，也跟跨国大公司合作。所有的都实现了信息化管理。在管理软件方面，万达拿到国家的专利和知识产权是最多的，2011年一年就有接近20个，我们也比较重视知识产权，包括我们现在所有的像秀的设计、电影科技的设计等。

——《王健林：万达的文化牌是怎么打的》

执行策略

在互联网时代，连锁经营要想又好又快地发展，企业要怎么管理？在快速发展过程中要想不翻船，还能运行走得稳，最有效的方法只有信息化管理。

如今万达之所以能一年开20多个广场、十几个酒店、30多家电影院、20多家百货店、20多家KTV，也主要是归功于信息化的管理。早在2004年，万达就提出信息化“一体化”概念，并在2005年招标系统建设。

万达的信息化建设主要包括三个方面的内容：基础设施，信息门户和管理平台。如果用交通运行体系来比喻万达的信息化建设体系，那么交通首先必须要有公路，万达于是建立了自己的专网，使信息传输更加稳定可靠。不同城市中的万达商场、楼盘、影院可以通过各城市节点共同接入万达集团的核心网络，由核心网络共同接入全国网络。

在路上跑的车总共有三辆：第一辆是ERP系统，万达建设ERP系统有十个子系统，是房地产的经营系统与技术系统完全的结合。第二辆是VOIP系统，万达通过VOIP系统实现全国各地项目的实时沟通。第三辆是视频监控系统，通过专网和遍布全国的视频监控系统，可以查看所有万达建设的小区动态及情况。万达员工就好比驾驶员，通过系统操作来完成自己的工作、培训等。停车场就是万达的机房，所有的小型机、安全设备都统一停放在机房。

有了路和车，就必须有交通法规。万达信息部的内部有工作细则，与用友开发项目组，也有工作规范。有交通法还要有交警，信息工程部就起到了这样的职责。目前，万达的信息工程部编制是16人，分为综合组、业务组、信息平台组、网络组、视讯组、商务组6个完全不同的组别。子公司有兼职的维护人员，分为网络兼职维护人员和各部门的兼职维护人员。目前万达的信息化交通运行体系已经建成，井然有序，为万达走向国际化的管理提供了强大的支持。

万达的管理信息系统主要包括：

1. 招投标系统

主要功能包括招、投、开、评、定标全过程，并建立招标信息库、合格供方管理，实现招投标全业务流电子化处理、存储和查阅。

2. 项目过程管理系统

包含了房地产管理的几大核心业务，主要功能包括目标成本控制体系，资金计划体系和工程进度计划体系以及合同管理体系的管理。

3. 运营管理系统

是根据万达商业地产运作模式定制开发的商业运营管理系统，以客户和合同为中心，实现各部门之间的信息共享，支持多部门多岗位的协同服务。能够即时反应各商业广场的经营状况，为决策层随时提供决策依据，同时适用于住宅物业管理模式。

4. 营销管理系统

系统将项目的策划、推广、销售、房源、客户及入伙后的物业管理等功能进行有机整合。包括销售费用管理与报表分析、客户关系管理等。

5. 财务系统（FI）

满足企业日常核算和财务报表管理的系统，各业务系统数据自动流入财务系统并生成相应的凭证。

6. 人力资源系统（HR）

是基于集团集中管控并兼顾各分子公司个性需求的多级管理应用软件，通过系统的应用，可以达到规范统一人力资源管理模式、整合人力资源管理流程、提高人力资源整体管理水平和效率的目的。

7. 信息门户

是企业与客户之间进行信息交互的平台。通过信息交互，它可起到提高企业内部经营信息与外部市场信息的利用效率，降低管理运营成本。使外部客户充分了解企业产品与业务需求，加强了企业的客户关系管理，实现与客户的双赢，并将具备电子商务的基本功能。

8. OA系统

是万达集团协同办公平台，主要功能包括文档管理、流程审批管理、新闻公告发布等内容。通过OA系统的使用，使业务流程审批全面进入电子审批阶段，加快审批流程；通过文档的管理，实现文档的快速传递和共享。

智慧剖析

2013年，是企业信息化管理发展的机遇之年。党的十八大将信息化确立为“新四化”，主张推动信息化和工业化深度融合。十八届三中全会又确立了中国经济的全面发展进入了改革的深水区，企业将迎来更加统一开放、竞争有序的市场环境，政策方面的引导激发了中国企业对管理信息化前所未有的热情。

随着云计算、大数据、移动互联等信息技术的发展，使企业原有的管理构想变为可能，也为企业探寻新的管理模式提供了工具。信息化管理的建设将成为企业竞争的核心优势，开辟企业发展的广阔空间。

国内诸多大型企业都在不约而同地探索企业管理信息化的发展捷径，国内新秀汇德软件提出的第四代企业管理理念异军突起，成为了亮点。

第四代企业管理理念以ESP战略绩效管理系统为主要的产品支撑，以“让每个人都成为战略的推动者”作为软件管理达到的执行境界。同时，汇德ESP战略绩效系统强调将总体战略通过系统落实到每一个人，使每个人的工作都围绕战略开展。

汇德软件认为“让每个人都成为战略的推动者”是提升企业执行力的根本点，而企业战略是整合企业管理信息化的根本落脚点。

企业的信息化管理在发展过程中经历了四大阶段的转变，这四大阶段的转变，不仅是建设企业信息化管理的突破口，而且也是衡量企业战略执行力到位与否的关键。

1. 从“IT应用管理”到“IT战略管理”

起初，中国企业的信息化管理被认为是企业的计算机化，彼时，信息技术独立于企业战略之外，企业信息化的管理目标就是实现“IT应用管理”，提高业务处理效率。在20世纪90年代以来，经济全球化的大趋势下，企业之间的竞争愈演愈烈，主要表现为时间竞争和创新力竞争，企业进入了“微利时代”。因此，企业想要生存和发展，就必须有效配置有限的人、财、物资源。此时，只有借助现代IT，促进管理精细化、资源利用高效化，才能提高企业应对市场的适应和把控能力。企业管理者开始在信息化过程中将IT的应用融合到企业发展战略中，使信息服务于企业战略。

2. 从“信息管理”到“知识管理”

20世纪70年代，“信息管理”这一词汇出现。为实现企业的信息化管理，企业开始建立信息管理系统和决策管理系统，为实现信息化管理提供可靠的信息依据。到20世纪90年代，互联网迅速发展，经济全球化进程明显加快，企业逐渐认识到只有创新才是企业的灵魂，从而推动了信息化从信息管理向知识管理的转变。

3. 从“盲目阶段”走向“理性阶段”

在企业信息化管理的初期，由于对信息化系统的复杂性缺乏足够的认识，也由于企业在建立过程中缺乏必要的分析以及系统相互之间难以实现共享，最终导致信息系统利用价值以低能化和盲目的信息化告终。经过多年的发展，新型技术不断涌现，市场竞争不断加剧，促使企业不得不通过信息化来提高其生存能力和竞争能力，加之之前的积累和学习，企业的信息化管理开始从盲目阶段转向理性阶段。

4. 从“一把手工程”到“全员工程”

起初，企业领导只是把信息化管理当作一个技术问题交给技术人员去完成，系统建设往往以失败告终。假以时日，企业管理者逐渐意识到信息化不只是一种系统工程，更是一项管理工程。在企业信息化进程中，企业的“一把手”除了在人、财、物上给予大力支持外，还必须投入大量的精力参与、管理、监督，使员工认识到信息化建设是全体员工共同的任务，需要由上自下地推动和全员执行，从而实现信息化“全员工程”，企业管理信息化建设才有可能成功。

从四大阶段走到今天，企业的信息化管理日臻成熟。信息化管理系统真正成为了一个以管人即客户资源管理、销售团队管理为核心，同时集成采购、库存、财务管理、售后服务、OA办公自动化于一体的集成化的企业管理平台。企业资源得到了合理配置，企业适应瞬息万变的市场经济竞争环境的能力也大大提升。

成本管理也要向制度看齐

成本是万达健康成长的“贤内助”，是一个支点。成本反映着万达对所做事情性质和重要性的理解，检验着万达管理水平的高低，成本意识要始终贯穿于万达的每项工作和工作中的每个阶段。

——王健林谈成本理念

执行策略

万达非常注重成本管理，每年年初和年中，万达都会对外界公布其收入状况和经营情况。早在1997年，王健林就为企业提出了“销售为首，现金为王”的成本理念。在这一理念出台的同时，也一并指出了成本在万达所占的重要地位——成本是企业经营的“后”。这里的“后”不是前后的“后”，而是与“王”相对应的“后”。

成本是企业的“家底”，是资源整合与流程控制的成果，一个成本管理不善的企业是难以拥有长足发展的优势和能力的。王健林在参悟了全球五百强的管理精要后，确立了以成本为“支点”的集权管理制度。

准成本制度是万达实施成本控制的一项内容，它规定每一个部门在开发一个项目之前，必须列出工程量清单，明确该项目的施工面积、土建和基建的投资。然后，严格按照清单所写进行招标，若招标结束后出现设计变更，则需由公司副总裁以上领导审批；若无设计变更，工程总造价则以工程量清单为准。

同时，目标管理制度对每一个项目进行目标管理，按照“成本、销售规模、工程质量标准、营销费用”等类别对该项目进行“一揽子”额定，要“算过账再开发”，要“开发后奖惩见分明”。

在成本管理上，万达要求向制度看齐、严格遵守。也正是因为有了成本的系统控制，有了“销售为首，现金为王”的鲜明指引，万达才能25年来始终保持着中国房地产企业罕见的零空置佳绩。

智慧剖析

王健林主张，节约就是创造财富，成本降低有赖于点点滴滴的节约。对于企业来说，在成本管理方面，节约是没有下限的。只要想省，总能找到更加节约的方法。

真正高明的节约，就是把原本花在那些不必要的地方的资金和人力，用在能带来更大效益的地方去。让节约下来的资金，创造出更多的效益。

2012年年末，康师傅发布公告，将把所持有的11.61%味全股份，以6225.5万美元的价格出售。这是康师傅第二次剥离掉其持有的味全资产。

康师傅此举并不是缺钱。出售味全资产，是因为康师傅打算将这些资金用于自己更为擅长的领域——常温保存食品，而味全的产品大多以冷藏食品为主。减少对味全的持股量，可以使得康师傅更加关注于其核心业务，如方便面、饮料等的开发与发展。

现在，康师傅面临着众多的竞争对手，如果不专注于自己的主业，很可能丢失其行业龙头的市场地位。有数据显示康师傅在2012年上半年，实现了营业额45.3亿元，毛利率为29.81%。而其竞争对手之一的统一企业，2012年上半年企业营业收入达到了106.5亿元，毛利率更是达到34.6%，这两项的增幅都超过了康师傅。

面对这样的竞争压力，康师傅将资金更加专注地集中在公司的优势项目之上，集中精力发展和提升这些优势点，这是大势所趋，也是康师傅对目前市场竞争做出的理性思考。

市场竞争永远都不会止步，在这种社会环境之下，企业要想立于不败之地，就必须占领行业的制高点。在这时，加快研发适应市场发展步伐的产品，创新生产方法以提高生产力就变得尤为重要。把节约下来的财力物力用到这些方面，才是把好钢用到了刀刃之上，为企业的长远发展披荆斩棘，开辟道路。

同样是花钱，把钱花在几张纸上，不但给企业带来了无谓的支出，甚至还会滋生员工懒散的工作习惯，贻害无穷。但是把这些钱花在研发一个新的产品之上，却能为企业抢得市场先机，为企业收入的增加提供了条件。

以节约办公用纸为例，有公司经过实践检验，总结出了几个行之有效的方法：

1. 在打印机旁摆放收集箱

准备几只箱子，其中一只箱子标上“单面打印”，表示箱中的纸只单面打印过，下次还可再用，再拿一只箱子标上“回收纸”，表示两面都用过，是等待回收的废纸。

2. 高效打印和复印

在打印之前先仔细检查，没有错误再打印，之后可以将所要打印的文件做一些格式、字号上的调整，这样可以节省打印的张数。在复印前，利用复印机的缩小比例功能进行复印，并且在复印机上贴上一个说明，使得所有员工都知道该如何去做。

3. 将废弃的纸张和过期的报纸、杂志集中收集，然后卖掉

设立一个专门放置废纸的地方，把废纸集中起来卖掉，这将是一笔不可低估的收入。

虽然一个员工举手之劳中的节约，在公司利润表上可能只占据着一毛钱的地位，但是节约行为下所蕴含的节俭品质，却是无可估量的财富。

基本上企业里的浪费行为，都不是员工有意而为之的。很多时候，这些浪费，只是因为没有意识到，没有相关的制度来制约。

一言以蔽之，在市场竞争以及职业竞争日益激烈的今天，只有懂得节约的企业，才能在市场中游刃有余；只有懂得节约的员工，才会在职场中脱颖而出。

保持活力，和谐共进

万达内部高度市场化，要不然这么大的集团怎么保持活力？

——王健林谈内部管理

执行策略

业界的一种说法是，万达首先是一支军队，然后才是开发商，然后才是商业地产开发商。王健林本人有着17年的军人经历，在万达最高层的7个副总中，也有3个曾经是军人，因此在团队配合方面，万达充分体现出团结协作的军人风格。

虽同在万达，但各个产业板块之间界限清晰。万达影院和万达百货的负责人都曾坦陈过，自己的板块在万达广场内从未享有过更多优惠。例如，王健林曾给新世界百货6个月免租期的优惠，但给自己百货公司的只有3个月。万达百货公司总经理丁遥认为，现在万达已有私募进入，如果给万达百货的租金比较低，那就是损害了其他股东的利益，他们怎么会同意？

万达院线总经理叶宁认为，万达涉足多个产业、且在经营管理上游刃有余，究其原因是因为“本质上服务的都是同一群人”。看电影、唱卡拉OK、购物的，都是相同的人群。他认为这些服务也具有相通性，“我们这些总经理经常坐在一块聊，你那儿出现了什么问题、怎么解决的”。

“万达内部高度市场化，要不然这么大的集团怎么保持活力？”王健林说自己去住万达的酒店也要付钱。

每年9月，万达的各个产业板块就开始对2012年的业务进行全面梳理，并据此制订2013年的计划。“2013年的整个经营结构，小到每一家影城、大到我们整体的战略，要全部梳理出来。然后还有成本、费用、收入配比等。”叶宁把这个过程叫作“吐纳”，每年这样“吐纳”一次，就会变成“内功高手”。

所有这些计划和数据，最终都会变成万达信息工程部电脑终端上的流程。在不同节点，每个人该干什么事，都是清楚的。每个节点如果一周内没有完成就会亮起黄灯，两周内没有完成就会亮起红灯。“只要点开亮灯的地方，我就知道哪家影院哪方面出了问题。”叶宁说。

用两年的时间、动员集团全部资源、在ERP系统上把万达商业地产庞杂的流程梳理成327个节点之后，王健林认为万达商业地产“已经不需要我了”。“我只要拍板说做这个的项目，对应出哪些成本、对应出哪些商家，哪天开始设计、哪天开始进场、哪天开始装修，都一清二楚了。”这套信息化管理手段，把万达变成了一部“巨型自动化机器”，像生产线一样生产出庞大的综合体。“别人做一个购物中心就累得吭哧吭哧，我们可以同时开工20个也没觉得怎样。”

王健林说：“无论是规划部门、文化部门、创意部门，大家都明白一点，在万达做事，首先是讲时间，第二个要讲成本，然后才是创意。这实际是可以结合起来的。”

智慧剖析

众所周知，工作中有效的沟通与协作是提高工作效率、员工积极性和企业创造价值的最基本的衡量标准，也是工作中最常用的方法之一。一个企业发展的关键，约有30%是可以通过文字形式描述的管理制度，而剩余的70%则是靠团队协作互助完成的。

如果部门之间的协作只能靠制度来约束，员工为了生活和薪酬就只有埋头苦干，缺乏交流与合作、最后将导致缺乏工作的动力，意志消沉。只有有效的协作互助，才能促进同事间情感的交流、增进与客户的友谊，使员工在为企业创造价值和业绩的同时，每个人都是开心的、快乐的。

由于地产行业本身的特殊性，地产开发企业需要组织项目拓展、设计、施工、招标采购、营销、成本控制、计划管理等一系列生产经营活动。但是，在所实施的管理咨询项目中，却存在着一个普遍且致命的问题：承担以上职能的各部门之间，工作衔接不畅，缺少合作，这严重影响了企业整体运营效率的发挥。因此，如何解决这一实际存在的管理问题，成为地产开发企业所面临的主要困惑之一。

大思想家荀子曾说："假舆马者，非利足也，而致千里；假舟楫者，非能水也，而绝江河。君子生非异也，善假于物也。"今天，一名杰出的企业员工，也应善于巧借外力、外脑、外部资源，通过合作提高自身的执行力和效能，从而发挥出团队的正能量。

在具体的工作中，应从以下五个方面做好部门之间的衔接与协作：

1. 明确彼此的工作职责

我们应该清楚各个部门的职责和相互的岗位职责，只有明确各自的任务和职责，分清属于自己职责范围内的事情，正确分辨需要通过部门之间相互协作才能完成的事情，才能在解决问题时具有针对性和可操作性，才会呈现出和谐的工作氛围，而非主观强调哪一个部门的重要性。

2. 加强部门之间对接业务知识的学习

例如，与财务部的配合是营业部整个工作流程中的关键，每一项工作都必须严格认真执行，不能有一丝一毫的懈怠。因为财务是一项非常严谨的工作，工作中许多重要的环节都必须围绕它才能开展，如果随心所欲、敷衍了事，势必会对各项工作造成不良的影响。因此要提高部门整体素质，加强财务知识学习，在团队协作中学会用对接业务知识来提高工作质量和效率。

3. 采取工作化沟通、感情化沟通等多种方式，力求达到最佳效果

在团队中，每个人的岗位不同，职能也会不同，加之每个人的工作经验、知识水平、性格习惯等也不尽相同，因此常会给工作带来一些矛盾和误会，所以要建立良好的沟通渠道，让各部门之间有倾诉心声的机会。员工之间形成互补，不仅可以简化工作程序，节省时间提高效率，还能实现团队协作效能。

4. 讲原则和讲宽容

部门之间的协作，要辩证地看待讲原则和讲宽容：大事讲原则，小事讲宽容；严于律己，宽以待人。通过彼此包容增进友谊，在互谅互让中增添工作乐趣，从而提升工作兴趣，改善工作态度，呈现出一种宽松融洽的工作氛围。

5. 加强部门负责人之间的协作

部门负责人在工作中扮演着非常重要的角色，可以为下属员工起到榜样的作用，让大家分享团队的默契，进一步建立良好的部门关系，克服本位主义的倾向，促使各部门发挥更大的力量，培养员工的团队观念和合作精神。所以，部门之间有效的沟通与协作，不仅是一种团队精神的追求，更是一种和谐共进的高尚境界。

下篇

全力以赴，追求卓越

——做好基础建设，做最好的执行者

执行力的核心是人，只有拥有了强大执行力的人，组织才能拥有强大的执行力。企业需要执行力，其实需要的就是有效执行的人，需要不折不扣的优秀执行者。而培养优秀的执行者，打造强有力的队伍和组织，首先需要做好“基础”建设！

第九章

团队建设：分享合作，1+1＞2

所有所有的一切，人才是最重要的

提问：关于人才和商业模式王总更看重哪一点？我们有一个节目叫《教导实战经理人》，王总有没有兴趣参与？

王健林：人才和模式，所有所有一切人才是最重要的，我在公司里经常讲一句话，人就是钱，有人事业就可以出来，有人可以有一切。我们自己就是最明显的例子，我创业50万，借50万，每年25%的利息借5年还本，不也起来了。

所以我特别重视人才，我在1998年就开始全国招聘人才，以后学会公开招聘，很难招到特别优秀，特别优秀的人才都是在当地工程比较稳定的，也不愿意参加公开招聘，猎头，我们现在与超过50家猎头公司在合作，国际上还有5、6家猎头公司，人才就是一切。

——《王健林：二十年内中国楼市就倒了》

执行策略

在企业的迅速扩张中，人力瓶颈是最常见的问题之一。

王健林坦言，万达目前也存在人力瓶颈的问题。“万达每年会有三次大型招聘会，分别在大连、上海、广州、深圳等不同城市举办，每次都是一百多万的投入。我们还要从学校里培养人才，在清华等大学以资助研究生的形式为企业培养后备人才。万达还不断通过渠道挖掘行业中的优秀人才。”

商业地产虽然也是盖房子，但和住宅地产是完全不同的概念，王健林深知，要想实现基业长青的目标，他必须引进高精尖的专业人才。

有一个广为流传的小故事，很能体现王健林对于人才的态度。王健林初涉商业地产时，在香港偶然间认识了一家地产公司的副总，非常欣赏对方，但对方对到大连工作并没有兴趣。在聊天中，王健林得知此人酷爱汽车，且最喜欢的型号是奔驰S600。王健林当时不动声色，次日，这个副总的办公桌上出现了一个精美的礼物盒，盒子里面是一把车钥匙——奔驰S600就停在了楼下停车场里。于是他再也没有理由拒绝。

当时中国地产界的精英，大多集中在东南沿海。2000年时，在深圳举办了一次“住交会”。“住交会”的举办方给万达发来邀请，主要是希望万达能给他们一些经济支持；但参加住交会对于当时万达的业务来说，并没有直接的作用。

可是，思路开阔的王健林为了结识人才、打响品牌，果断决定参加。他当即租下住交会上最显眼位置300多平方米的展厅，阔绰之举让举办方都瞠目结舌。王健林对当时负责万达展台布展的组长说，“这次我们不展房子，大连的房子，在深圳展也没什么用。我们这次只展我们万达集团的形象，就借这个机会，广泛招揽这个行业的人才。”

遵从老板的旨意，组长在“住交会”开幕前一周就飞到深圳，先在《深圳特区报》上刊登了5天的招聘启事。展会开幕时，万达从大连带去了8名身高超过180厘米的女模特，身着类似空姐的服装，每天列队从宾馆光彩夺目地走到展厅，站在万达的展台前，这种独特的宣传引起巨大轰动。

在展会上，万达不摆房屋模型，不介绍地产项目，而是向外界展示万达集团的企业形象、现状以及对未来的规划。在展会的最后一天，王健林亲自上阵搞了一个专题招聘会，随后有200多人从深圳赶赴大连，其中约有120人先后成为了万达集团的高级管理成员，直至今天还有60多人依然在万达担任重要职位，其中有4人坐到了总裁位置。

王健林曾坦言，如果没有当年深圳人才招聘的启动，没有大规模人才的引进，就不可能有万达集团今天的局面。

2012年7月初，几家猎头公司的网站上纷纷爆出万达集团为其电商公司“招兵买马”的消息，集中招募的高管包括首席执行官、财务总监和首席品牌官等，“报价”之高令业界唏嘘不已。

公布的招聘信息上还显示，万达集团电商部门招聘的平台技术部总经理的年薪将高达110万元，主任工程师年薪为90万元，普通工程师的年薪也有38万元。和同类的企业相比，万达出的“价码”高出一大截。即便是近年来发展迅猛的苏宁易购，其招募的技术工程师的年薪也只是约为20万～60万元不等。而万达给核心岗位——电商公司总经理，更是开出了200万年薪的“大手笔”。无怪乎有人笑称：万达“除了马云、刘强东，谁都挖”。

据了解，历任谷歌总部电子商务技术部经理、阿里巴巴国际交易技术资深总监的龚义涛，于2012年5月成为了万达电子商务CEO。在他的带领下，阿里巴巴针对海外中小型买家的“速卖通”曾很快便成为全球最大的在线外贸交易平台。截至11月初，该平台海外流量每天超过2300万，覆盖全球190多个国家和地区，年平均增速超过400%。如此惊人的成绩，王健林自然对其委以重任。

龚义涛自从上任伊始就开始为万达电商招揽人才。而截至2012年11月下旬，他仍在发布招聘信息。据相关数据显示，未来“万达集团电子商务公司”的规模将达到1万人。用高薪延揽人才，充分显示了万达努力打造电商航母的决心和实力。

因此，有人说：万达走过的路，就是万达人才从少到多、从初级到卓越的过程。

智慧剖析

人才乃取胜之本，谁获得了优秀人才，谁就拥有了最大的竞争力，其潜力是不可估算的。所以企业的经营者不要被庞大的资产所迷惑，一定要注重人才的培养，人才是企业真正的财富。

创业24年来，万达骨干员工的流失率远远低于行业平均水平。靠待遇吸引人，靠关爱感染人，靠事业留住人，靠制度规范人，靠文化凝聚人，这便是万达人才战略中的“简单制胜五部曲”。

打铁还需自身硬，要想招揽优秀的人才为我所用，企业需要具备的条件主要有：

1. 合格的领导者

领导者是一个企业的灵魂，他的思维正确与否决定着企业的兴衰成败，他的一言一行，一举一动都牵动着企业的每一个神经细胞。所谓经营企业就是“经营人心”，正所谓得民心者得天下，小胜靠智，大胜靠德。一个领导者所拥有的胸襟、气魄、智慧、远见以及高尚的品格决定了这个企业的未来，优秀的领导者要有用人的诚意，知人的智慧以及容人的度量。所以有什么样的老板，就会有什么样的企业。

2. 企业发展的潜力及远景

如今市场竞争之残酷有目共睹，作为一个企业，如果战略方针不正确，方向不对头将必死无疑。即使是有潜力的行业，也要小心规避竞争。孙子曰：善用兵者，屈人之兵而非战也。因此要想在商战中立于不败之地，就得另辟蹊径，绝不能亦步亦趋地模仿别人。正确的做法便是集百家之长，形成具有自身特色的企业文化，兼有品质过硬的产品，然后才能去创造蓝海，以独特、新颖、与众不同的方式去赢得市场。

只有具备人们看得到的远景及巨大的发展潜力，企业才具备吸引人才的魔力。人往高处走，向往美好的未来是人们的本能。

3. 个人成长的空间

企业需要的是能解决问题的人才，尤其对于中小型企业来说，很难找到一步到位的人才，不足之处就需要通过不断学习来完善，作为企业，不但要提供人才可以学习和成长的空间，更要给人才一个可提升的空间。

4. 待遇要比同行业人才略高一些

所谓留人先留心，一旦员工感到不舒服时，就会千方百计想办法跳槽。人的所有行为都遵循两个原则：（1）追求快乐；（2）躲避痛苦。而躲避痛苦的力量，远远大于追求快乐的力量。

因此，适时地提升员工薪水，是虽然简单但非常有效的留人方法。

5. 良好的工作环境

员工需要的不单单是物质，还需要精神及个人价值的体现，因此要想吸引人才就得重视人才、尊重人才和善于使用人才。愉悦的工作环境能够更好地激发员工的潜能，当取得成绩时，及时给予鼓励，因为鼓励什么就会成长什么，让员工有成就感，从而充满斗志。

同时，要在企业打造一支充满朝气，有战斗力的团队，而要想建立一支这样的团队，就需要注入一种精神。精神的养成离不开教育，综观古今中外，但凡强大的国家、民族、军队、企业都和出色的教育密不可分，因此，企业要想强大，就需要建立一个完善的培训系统。

6. 许给一个美好的未来

真正能吸引人才的是，让他们坚信跟随着这样的企业能改变自己的命运。相信在这样的企业中只要通过自己的努力就能得到美好的未来。

人才是关键，企业若拥有了优秀的人才，在激烈的市场竞争中就会处于很大的优势。因此，企业家在管理中必须做好人才的管理，要具备吸引人才、留住人才的能力，只有这样企业才能长久地发展。

把万达学院办成一流的学院

在万达的发展历程中，短板是不断变化的……现在的短板是人才。要想真正解决人才短板的问题，要想真正做好培训，只有靠学校，万达学院是非办不可……我相信，万达学院的优势在五年后就会显现出来。希望力争用十年的时间，把万达学院办成中国一流的学院。

——《王健林：2009 年集团年会讲话》

万达学院已经正式颁布了200多名讲师的聘书，都是我亲自签发的，希望总裁、副总裁、总裁助理带头认真讲课，不能糊弄。给万达自己的员工讲课，工作经验是不是认真总结出来了，管不管用，大家心里会打分。

——《王健林：2011 年年会》

执行策略

在王健林看来，2008年后，万达之所以进入爆炸式发展，有一个从外面看不到的原因，"我们的人才团队在2009年开始发生质的变化"。2009年，一大批高级职业经理人加盟万达。

在万达，如果说哪一个部门挨王健林的批评最多，那就只能是人力资源部。王健林对人才的喜爱人尽皆知。对于商业地产的人才标准，他也自有评判：商业地产不是会搞住宅就可以做，工程施工在商业地产的链条中只是一小段，仅商业地产的规划设计就难度很大；做零售业的人才也不一定玩得转商业地产，商业地产的招商，更多的是业态的配比，是零售、餐饮、娱乐、文化、体育等业态比例的合理设计，因此商业地产需要的是多方面的专业人才，最好是复合型人才。

如此的高标准、严要求让人力资源部吃尽了苦头，直到有人一句话点醒了王健林："中国最顶尖的商业地产人才几乎都到万达来了，你还到哪儿去挖人才？"王健林顿时恍然大悟，从此对于人才的战略有所调整，开始从"挖人"向内部培养转变。

万达学院应运而生。2012年2月6日，万达学院举行开学典礼，王健林讲授"开学第一课"。

王健林董事长对于学院办学提出了殷切期望，并围绕万达企业文化进行"开学第一课"的讲授。陈平副总裁对万达学院办学理念进行介绍，股份公司财务部常务副总经理李学峰作为讲师代表发言。

万达学院一期总建筑面积约8万平方米，配备一流的教学服务设施，包括教学楼、行政楼、体育馆、展览馆、公寓、餐厅、信息中心等，供万达集团高中层管理人员系统培训所用。万达学院总建筑面积12.8万平方米，全部建成后可同时容纳3000名学员，是中国最好的企业学院之一。

仅仅2007年一年，万达就斥巨资举行了2600次培训，共2.6万人次参加。因此，万达内部有一句话目前很流行：涨工资，涨待遇，涨本事，涨幸福指数。与此同时，王健林开启了另一条万达人才战略通道，万达开始和清华大学、同济大学、北京林业大学等国内著名高校签署了"合作委托培养硕士、博士研究生协议"，这些高校每年都要为万达输送人才。

智慧剖析

人才的引进是为了促进企业更好的发展，"空降兵"的加盟并不意味企业管理者就可以高枕无忧。"空降兵"能否"安全着陆"，能否为企业带来新的发展，才是企业管理者需要注意的关键所在。

关于引进外来领导者，还有这样一个案例：在一家拥有一百人左右的公司里，近半数的员工都是跟着老板打江山过来的，彼此很信任。本来公司里气氛融洽，年轻人又多，办公环境很轻松，下班后大小聚会也是常有的事儿。但是，随着新任主管张素的到来，公司的气氛悄悄起了变化，大家工作时正襟危坐，说话时谨小慎微，下班后行色匆匆，就怕被新主管抓住工作上的把柄。

张素是公司老板从对手那儿挖过来的“空降兵”，她对于出现这种情况感到很委屈，“我来之前，公司的管理确实太松散了，人浮于事，效率不高，老板既然重金请我来，我觉得就应该发挥自己的作用，把能办的事情办好。”基于这样的思考，她决定从自己部门的工作入手，整顿办公室纪律，严肃工作程序和流程。

又到月底，员工开始去财务报销一些日常的办公费用。上一任主管往往不看这些花花绿绿的发票，立即就在报销单上签字。张素却非常认真，逐条逐笔详细审核。从中她发现了很多问题：有总款额核算不对的，有发票种类和事由不符的，有非公务开支不应报销的。她的这种做法，效果明显，一个月下来，办公开支减少了数万元，老板甚为满意。但公司上下对她意见已经很大。

没过多久，那些利益受损的老员工开始集中向张素开火。“没能力”“搞派系”“自以为是”，他们对张素的这些负面评价越来越多。甚至在部门经理会议上，有人公然指责财务部门不支持工作。随着向老板打小报告的人越来越多，本来对张素还很信任的老板逐渐对她不满起来。在张素来到这个公司的两个月之后，老板为了维护公司的和平氛围，只好拿起屠刀，将张素解雇。

面对这种情况，企业的管理者一定要看到空降兵与旧势力必然发生冲突这种客观现实。企业的老员工可能会制造麻烦来抵制外来管理者，而外来管理者又想尽快树立起威信，通常都会拿老员工开刀。同时，引入“空降兵”的企业管理体系和管理基础往往又是空白，一般不太讲究规则。外来人才要想运作好，势必要不按套路出牌，由此产生了“空降兵”和老员工的职业行为、职业方式上存在的沟通困难和天然文化冲突。企业的老员工和职业经理人的磨合是一次痛苦而漫长的过程，企业管理者要妥善处理好两者的关系，既要让“空降兵”才华得以表现，又不会过分伤害到原来的老员工。

把人际关系简单化

在公司用人的方面，就是看能力，员工在万达工作好就是最好的关系，领导以身作则。

——《王健林董事长讲“新的企业管理”解密高速发展和超强执行力》

在万达可以这么说，你只要努力工作，很快就有晋升机会。现在我们企业的销售收入在增加，随着品牌的建立、良好融资平台的建立，能制约我们发展的就是人才了。我们千方百计地想怎样更好地吸引人才。要吸引人才，就要给员工事业空间，让他们不断有晋升的机会。

——《王健林：民企更需要关爱员工》

执行策略

“简单的人际关系”是王健林为万达亲定的管理基调。万达倡导人际关系简单化，奖励看业绩，提拔看能力，下级不能怕上级，上级不能整下级，任何部门不能各自为政，把企业大局抛在脑后，任何员工不得拉帮结派，忽视部门和企业的利益。

王健林说，在万达工作好就是最好的关系。有人问，为什么要提这句话呢？王健林回答：因为我的经历使我深深了解人际关系在某些环境下的负面影响很大。很多人不是在做事情，而是在做关系。因此在万达必须做好：

不搞公司政治。王健林曾经在公司炒掉了两个高管，他们都是从国有企业来的，喜欢搞亲疏，经常是几个人、十几个人聚在一起，有一个小的圈子。每次开会讨论提拔职务、晋升工资时，他们就拼命为自己圈子的人说话。王健林对此坚决反对，这也违背了企业要努力塑造一种大家完全平等的关系的主张。

公正用人。用好一个人，就鼓励一大片；用错一个人，就打击了一群人。这一点难就难在要如何才能评估出怎样是“公正”？要把握一个什么度。往往自以为是公正用人，但其实不一定。

于是王健林在企业采取了几条线重合评判：一、就是依据他和各高管的感觉，因为对部下的评价毕竟始发于总经理、副总经理、部门经理等，也就是说依据领导的感觉做评价。二、依据人力资源部的考核。公司对此规定：考核副总经理级的，必须对其下属所有部门经理进行访谈，每年一次，每个部门经理都有发言权；考核部门经理时，就必须访谈他手下的每一个员工。考核时，只能一对一，不准第三人在场。这样做主要是杜绝了简单听取某个领导的一句话来决定用人。

再严苛的规定如果不能一以贯之，也将是纸上谈兵。只有每个领导和员工真正记在心里，落到实处，才能实现人事管理的规范化。

2008年5月15日，是西安万达广场开业的日子。西安项目公司有一名叫姚雨汐的普通员工正在像其他人一样紧张地忙碌着，却突然被告知万达企业文化部总经理石雪清正在对面的酒店等她，起因是她曾经向万达通讯投了一篇《古都地产新传奇》的文章。

石雪清亲切地告诉小姚，万达通讯的每一期董事长都会读，在读了她的文章后，感慨颇多。“从文字中董事长读出你对项目很熟，对工作很用心，文从心生，他很重视，委托我专门来看你。”石雪清说。“在万达，发光就能被看到。”姚雨汐深刻领悟到了这句话的内涵，倍感幸福。在之后一期的万达通讯中，姚雨汐又写了一篇《董事长邀我来合影》的文章来表达自己的心境：总以为董事长很严厉，可我分明看到了他对员工的慈善与关怀；总以为他很遥远，可实际上他一直都在我们中间，与我们心连心、肩并肩。20年来，经过无数万达人的辛勤劳作，这片绿洲不仅生机盎然，还能造福于人！作为万达人，我深深的自豪！

“在万达，发光就能被看到”。这已经成为很多万达员工的座右铭，被广为传颂。

智慧剖析

优秀的管理者应该是管人的高手，管人本身是一项复杂的脑力活动，并非谁力气大谁就会管人。我们常常认为谁能礼贤下士，树立起尊贤重能的形象，谁的管人效果就最好。其实在某些特殊情况下，管理要适当使用铁腕管人，尤其是对于制造麻烦的作乱分子，管理者不能养虎为患，硬骨头就必须要用针锋相对的硬手段。

除此之外，管理者在管理过程中还需要注意以下几个方面：

1. 在奖励时要公开透明

在企业里，奖赏机制一定要公开、公正、透明，因为当员工发现自己付出的代价和所得的报酬之比与其他人是相等的时候，就会感到自己所受的待遇是公平合理的；反之，如果领导者有一些偏心，就会产生不公平感。在缺乏公平感情绪支配下，员工就会产生不满，采取减少付出、要求加薪甚至放弃工作等消极行为，最终会使我们前期的激励措施功效消失殆尽。

2. 用人才不用奴才

很多时候，那些对领导俯首帖耳、阿谀奉承的人，往往并没有真本事，只是个奴才，他们就凭一副奴才相讨领导喜欢，进而谋得一份糊口的差事。

相反，那些具有真本事的人，他们不怕失去工作，他们敢于谏言，他们不是靠“听话”来混饭吃。作为领导要分清哪些是人才，哪些是奴才。

3. 不做以私害公的糊涂事

做领导久了，很容易把公事私事搅在一起，甚至发生以私害公的事情。这样做危害极大，不仅损害自己的形象和威严，而且私事也未必能保全。因私害公是两边都不讨好的管人大忌。

4. 不要在人情上搞阴阳制度

在中国这个重人情的国度，如果某些管理人员思想素质不过硬，管理者难免会利用职权来谋取方便。虽然这可能为管理者带来一时的方便，但最终却给你的管理带来了极大的麻烦。这是因为管理者的各种行为非常容易成为属下效仿的榜样，而一旦其自身对各项管理制度不予以重视，甚或只是敷衍了事，那么员工的心中就会形成一种印象，会觉得企业的各项制度是用来给外人看看，没有任何实际意义，当然也就不会真正去遵守各项制度。久而久之，便在无形中形成了一种攀亲、拉帮、任人唯亲的不正之风，而这种风气的产生，对企业来讲，则是走向失败的隐患。

暗箱操作对管理制度的破坏是毁灭性的打击，一旦博弈制度被破坏，就不会终止，也不会逆转。为了避免这种情况的发生，管理者一定要让制度在阳光下运行，每项管理制度的公开才有利于企业的正常运转，有利于企业的所有人员按规则博弈。

注重人才，任人唯贤不唯亲

为了一个人才，我会八顾茅庐、十顾茅庐。

——王健林谈人才

执行策略

王健林注重人才，也注重人才培养，而且在人事管理方面，他也有着自己的见解。在许多民营企业里，老板只用人而不育人，更不愿意把股份分给员工，但王健林却说："企业发展的成果首先要惠及员工"，"如果万达的员工，退休后只能靠退休金养老，那就是万达集团和我本人的失败。"因此，万达每年都会有50%以上的员工加薪，集团还按最高限额为员工缴纳各种社会保险金。万达的普通员工退休时，都可以一次性拿到退休前5年工资总额的退休福利金，这样"慷慨解囊"的现象在全国企业中也是极其罕见的。

对员工体贴备至，对家人亲戚却异常严格。王健林在万达中有接近八成的股份，但企业内部却没有他的一个亲属，他说宁肯给亲属钱，让他们自己出去干，但是不能干跟我公司相关的业务。起初亲属们都不理解，王健林就一个一个、一次一次地经过反复的劝说和斗争才使他们能够理解。

在管理上，王健林强调一定要不搞帮派，不搞亲疏，他这么说也是这么践行的，不论是王健林的夫人或是亲戚，没有一人能够在万达工作。王健林说："这真的很难，因为我是个重感情的人。有时候，我只能送钱给亲戚，让他们另做生意，但有一条，绝不能与万达有业务联系。"在王健林的言传身教下，万达的上百名高管，也无一人有亲属在万达工作。

智慧剖析

有一部分管理者，往往习惯感情用事，看到与自己脾气和志趣相投的人，便不再注意这个人的其他方面，从而将其当成人才。这样做的结果往往是此管理者形成自己的"人才小圈子"，由于考核不到位，致使很多人"浑水摸鱼"进入团队，而真正适合的人才却只能被错过。

唐高宗时，大臣卢承庆专门负责对官员进行政绩考核。被考核人中有一名粮草督运官，一次在运粮途中突遇暴风，粮食几乎全都被吹跑了。卢承庆便给这个运粮官以“监运损粮考中下”的鉴定。谁知这位运粮官神态怡然，一副无所谓的样子，脚步轻盈地走出了官府。卢承庆见状认为这位运粮官有雅量，马上将他召回，随后将评语改为“非力所能及考中”。可是，这位运粮官仍然不喜不愧，也不感恩致谢。原来这位运粮官早先是粮库的混事儿，对政绩毫不在意，做事本来就松懈涣散，恰好粮草督办缺一名主管，暂时将他做了替补。没想到卢承庆本人恰是感情用事之人，办事、为官没有原则，二人可谓“志趣、性格相投”。于是，卢承庆大笔一挥，又将评语改为“宠辱不惊考上”。

卢承庆凭自己的观感和情绪，便将一名官员的鉴定评语从六等升擢为一等，实在是随心所欲的做法。他将个人的爱憎好恶融入到工作中，他的考核结果根本不可能反映官员的真实政绩，也失去了公正衡量官员的客观标准，势必产生“爱而不知其恶，憎而遂忘其善”的弊端。这样，最容易出现吹牛拍马者围在领导者左右，专拣领导喜欢的事情、话语来迎合领导的趣味和喜好。久而久之，领导者就会凭自己的意志来识别人才，对有好感的人委以重任；而对与领导保持距离、印象不深的人，即使真有实才，往往也不会委以重任。这样的领导，怕是没什么人才乐意追随。

管理是一门艺术，领导者运用理性的眼光处理人事关系，可以赢得下属的尊重，进而赢得下属的支持与配合，造就一个协同作战的团队，并且能更迅速、更顺利地制定和贯彻各种决策，实施更有效的管理。

搞好内部沟通，保障执行畅通

沟通使万达的工作更愉快，使万达的组织行为更流畅。

——王健林谈沟通

执行策略

万达坚信，沟通贵在坦诚。工作中80%的误会都是可以依靠有效的沟通来避免的，只要有真诚的意愿、坦然的心态，良好的沟通将不再是奢望。万达始终本着平等、尊重的原则，设身处地地与每一位员工进行交流，努力构建促使每一位员工畅所欲言的平台和渠道，鼓励员工表达自己的观点。

王健林说：一个企业最重要的是专业且敬业的团队。保证你的执行力，就能保证你把经营搞上去。

万达主张，企业战略的有效实施，关键在于强有力的执行力；强有力的执行力，关键在于企业相关各方都对战略有清晰的理解和认同；而最重要的理解和认同，来自于沟通。无论是上下级之间的沟通，还是企业与客户之间的沟通，都极深刻地影响着组织运行的效率和效果。

万达有一句众所周知的口号：构建直达通道。为此，万达采取的措施主要有：设立“董事长信箱”和“万达会”。

“董事长信箱”是对全体万达员工开通的。员工的心声、需求和建议都可以经由这个信箱畅通无阻地达到董事长处，而董事长也会在第一时间做出反馈。

“万达会”是万达为客户群精心构筑的互动式沟通平台。这是一个拥有健全的全国性网络的客户联谊组织，致力于通过丰富多样的形式，来努力实现客户资源的共享和整合。

“万达会”的吉祥物是一只名叫“艾克儿”的小蜜蜂，这也寓意着辛勤团结的万达人不仅为国家和百姓建筑着魅力的家园，而且也是在将甜蜜传播到千家万户。

智慧剖析

某权威网站曾就人际关系展开过一项调查。结果表明，多数人都认为上下级关系最难处：上下级，隔座山。某公司员工刘小姐说：“每次跟领导说话，总是战战兢兢的。”某公司经理李先生坦言，自己也曾努力寻找机会亲近员工，但总怕弄巧成拙。但也有人认为：上下级，隔层纱。只要以平常心对待，上下级也能像平级一样沟通顺畅，甚至成为朋友。

到底在沟通中要如何把山变成纱呢?

1. 不妨借鉴“刺猬理论”

冬天，刺猬彼此靠拢御寒，但靠得太近会伤害对方，太远则起不到御寒的作用。处理上下级关系，就像是刺猬取暖，要把握好度，找准平衡点。

对领导者来说，只要经常与员工进行沟通，多去寻找共同点，便不难打成一片。但在工作中要切记不失威信，不论私下里关系多好，也要坚持公私分明，按章办事，在下属心目中保持一种既可亲又可敬的形象。

对普通员工来说，要找准自身定位，既要增强自信、消除对上级无端的畏惧感，又要尊敬上级，注意把握与上级交往的分寸。工作之余，可以与领导开开玩笑，谈论一些轻松愉悦的话题，从而拉近距离，让领导多了解自己，但也应秉持“君子之交”，做到近而有节。

2. 上级应主动把“山”推倒

上下级隔座山，不仅不利于相互沟通，也难以调动员工的工作积极性和主动性，从而降低工作效率。反之，若隔层纱，彼此关系融洽，就容易提升效率、做出业绩。

事实上，让“山”变成“纱”的关键在于领导者。在上下级关系中，领导者往往是主导者。在工作上，作为领导不妨把单一的行政命令变为常态化的平等交流，在交流和沟通中了解员工的工作状态、听取他们的意见和建议，让员工充分感受到平等和尊重。特别是对待犯了错误的员工，更要宽容爱护，在批评惩戒的基础上多找他们谈心，帮助他们恢复信心。

简而言之，上级主动把“山”推倒，才有利于形成上下级互敬互爱、温暖融洽的工作氛围。

3. 以平常心沟通

上下级之间沟通不畅，往往是因为缺乏一颗平常心，人为地把平常化的沟通变得复杂化。员工应把心态摆正，上下级之间虽是一种领导与被领导的关系，但双方并无尊卑之分，彼此只有平等交流才能融洽相处、互帮互助。

以平常心沟通是一种健康的沟通状态。不论职位和级别，放下顾虑，以诚相待，如同朋友一样坦诚相对，畅所欲言，既可以减少隔阂，又能够营造轻松融洽的工作氛围。

以平常心沟通也是一种有效的沟通。只有保持平常心，上下级沟通才能解决工作中存在的问题和矛盾，默契配合，提高效率。正所谓“投之以桃，报之以李”，沟通者只要放平心态、以心换心，得到的信息必然也是真实的、有效的。

相对于上下级沟通这个“老大难”的问题，企业与消费者之间的沟通只要真正做到一个准则，问题便将迎刃而解：把满足“人”的需要放在第一位。

乔布斯说：“在苹果公司，我们遇到任何事情都会问：它对用户来讲是不是很方便？它对用户来讲是不是很棒？每个人都在大谈特谈‘噢，用户至上’，但其他人都没有像我们这样真正做到这一点。”乔布斯对于客户体验的调查从来都不依赖于调研公司，他认为这样得出的结果过于肤浅。

苹果研究客户的一个重要的方法是将目标用户按特点分类，比如消费类产品的角色分成年轻的、年老的、喜欢技术的、不懂技术的……每个研究人员功能的时候都会仔细考虑这个产品是针对哪种用户的，在什么环境下需要这种功用。

向来评论苛责的媒体甚至都这样总结"苹果"产品的用户体验："'苹果'每年只开发一两款产品，但每款都将科技与艺术的结合发挥到极致，既能让人们吃惊、兴奋，又轻而易举地知道如何使用。"

乔布斯的核心理念就是将消费者置于第一位，为他们设计伟大的产品。也正是凭借这个核心理念，"苹果"的产品一个接一个赢得了市场。

关爱员工，凝聚向心力

问：王总，我们有一个很精彩的万达，今天又看到了一个更加精彩的王总，在这样一个企业里面的职工我们有几万？我想万达是一个团结紧张的职工队伍，听您的介绍，我们在严肃紧张方面我觉得肯定了，万达怎么样让职工队伍既团结又活泼呢？向心力在哪？

王健林：确实这个公司跟我个人从军17年有关系，公司可能严肃紧张有余，我们企业文化有一个十个亿的工程，比方说每年出一本故事集、社会报告，每年搞一次职工运动会，每年一次年会，每年一次演讲比赛，怎么调动大家的演讲积极性呢？我每年推荐大家读一本书，怎么引导大家读呢？每人写一篇笔记，100字以上，我们一起写，怎么再鼓励大家呢？搞演讲比赛，凡是参加演讲比赛的，三等奖、二等奖、一等奖很多人拿奖，最后到总部演讲这些人，演讲稿出一本书，把演讲人的头像放在上面，印成一本书，发给全集团所有员工，他觉得很骄傲，我上书了。

比如我们公司规定，每年每个公司必须组织不少于5次以上的集体活动，希望大家在工作的时候不要老死不相往来。我们每年年会当中有会演，每个公司推荐节目，第一种是我们一把手、总经理以上可以参加。第二种是优秀员工可以来参加，而且我们自己酒店多，可以在万达任何酒店，任选地点免费2人入住3晚，优秀员工可以带亲属参加，公司报销两个人往返机票。第三种是演员可以来，所以现在大家频频练节目，每年到八九月份各个公司开始了，还有一条规定，禁止用外援。还有很多各种活动，我们也是希望企业文化调动大家积极性，当然规定比较严格的公司是不是做到真正大家能愉快，但我相信总体来说，员工是不是愉快并不在于活动多不多，关键是公司风气正不正、人际关系是否简单化、公司有没有党派、事业平台能不能提升等。

——《王健林董事长讲“企业管理解密高速发展和超强执行力”》

执行策略

2007年6月29日，第四届全国民营企业关爱员工，实现双赢的经验交流暨表彰大会在北京人民大会堂隆重召开。王健林榜上有名，被评为“全国关爱员工优秀民营企业家”，并作为获奖企业家的唯一代表在大会上介绍经验。

在万达，人才始终被视为核心资本，树立了“人的价值高于物的价值，企业价值高于个人价值，社会价值高于企业价值”的核心价值观，全面关爱员工的成长和进步，提出了将“企业发展成果首先惠及员工”的理念。在惠及员工方面，万达也主张不搞花架子，不搞“数字秀”和“表面秀”，用真金白银来兑现承诺，用建章立制来保证长效。

王健林关爱员工主要体现在以下三个方面：

第一是提供超一流的收入

万达员工的收入水平在其所在的行业，甚至在中国的企业中也是保持绝对领先的。万达的人力资源部每两年会进行一次收入调查，并根据调查结果调整工资，始终保证万达员工的收入在全国处于领先位置。

万达还针对收入相对较低的服务行业的员工，在全国首度推出了工龄工资制度，每工作一年，每月就会增加工龄工资100元，这样算下来，一年就是1200元。在万达工作满十年的话，每年仅工龄工资就有12000元，就相当于普通员工年年涨工资。万达高管不仅收入高，总经理以上的高管还拥有股票期权。

第二是提供人性化关怀

万达从十年前开始，就已经实行带薪休假制度，每季度休假四天；每年给员工做一次体检，并免费为总部员工办健身卡。近年来，万达还出台规定，要求所有基层公司自办员工食堂，一律不准外包，从而保证饮食质量和食品安全。集团要求各公司每年组织不少于5次集体活动，由公司出钱，大家一起出去玩一玩，促进感情交流，以建立良好的企业人际关系。

两年前，万达推出了针对优秀员工的度假制度，给优秀员工及其家人报销两人往返机票，并免费入住各地万达酒店度假的“特权”。

第三是重视员工培训

万达始终非常重视员工的培训，每年都会安排大量的培训。2012年，出资7亿多元的万达学院最终建成，这也使万达的培训进入了更高层次。就像王健林常说的那样：让员工在万达涨工资、长本事、涨幸福指数。万达今天举世瞩目的成绩，和其健康向上的企业文化密不可分。

王健林说，我的想法核心就是：要对得起跟随我的团队。

曾经有成功的企业家说过，爱心是企业激发员工创造力的、成本最低的、最有效的途径。因此，现在很多企业家都开始关心下属，以一颗真诚的心对待员工。只有这样，员工才会自然而然地把企业当成自己的家，信任企业并为企业努力创造价值。

智慧剖析

得民心者得天下，这是不变的真理！民心像是那渗透万物的水，能载舟，也能覆舟。顺应民心，则昌；违逆民心，则亡。

要真正获得员工的心，管理者首先要了解员工的所思所想，进而满足他们内心的需求。从某种程度上来说，员工的心是“骚动的心”。员工的需求也随着人力资源市场情况的涨落和自身条件的改变在不断变化。

善于把公司看作大家庭的日本，很重视员工的婚姻大事。日立公司就设立了一个专门为员工架设“鹊桥”的“婚姻介绍所”。当新员工进入公司后，可以把自己的学历、爱好、家庭背景等基本情况输入“鹊桥”电脑网络。当某名员工递上求偶申请书，他便有权调阅电脑档案，申请者可以利用休息间坐在沙发上仔细翻阅这些档案，直到寻找到满意的对象为止。

一旦他被选中，联系人会将挑选方的资料传送给被选方，被选方同意见面，公司就为两方安排约会。约会后双方都必须向联系人汇报对对方的看法。日立公司人力资源部门的管理人员说：由于日本人工作紧张，职员几乎没有时间寻找合适的生活伴侣。我们很乐意为他们帮这个忙。这样做能起到稳定员工、增强企业凝聚力的作用。

如果是公司内元老级员工的婚礼，“月老”会一手操办的，而来宾中70%都是新婚夫妇的同事。员工感受到了家庭的温暖，自然能一心一意地扑在工作上。由于这个家是公司促成的，员工对公司就不仅是感恩，还油然而生一种鱼水之情。毫无疑问，这样的管理成效是一般意义上的奖金、晋升所无法比拟的。

利益杠杆虽然是管理上的一种重要平衡手段，但不是万能的，需要在管理中注入情感成分。将企业培养为一个大家庭是一种“高情感”管理方式。企业未来所面临的竞争是激烈和残酷的，更需要这种“高情感”管理方式来凝聚人心，拢聚人才。

让一切工作成为精品

万达有远大愿景，对工作标准要求极高，追求“让一切工作成为精品”。如果万达定位做中国一流企业，就不用一年开业20个广场，每年有5个就够。但万达的目标是做世界级企业，我们要靠自身努力，跟垄断央企比比高低。按照万达现在的发展趋势，2015年收入将超2000亿元，资产3000亿元，年纳税300亿元，净利润几百亿元。除了少数大型垄断央企，万达能排在中国企业前列。而且万达完全靠自己、靠市场发展，更受人尊重。万达只要进入的产业，至少做到中国行业第一，追求世界行业第一，万达人必须有做到最好的意识。

——《王健林：万达的企业文化》

执行策略

二十五年前，万达集团诞生于海滨城市大连，从此便一直致力于在中国跨区域发展优质房产项目。万达也是中国第一批从事房地产开发的企业。

1998年之后，依靠产品创新和技术突破的商业智慧，万达建设的香海花园成为当年国内唯一一个联合国人居大会的商品房展示小区；名泽苑成为当时大连市最高档的楼盘；星海人家和长春明珠均获全国住宅设计智能社区金奖；雍景台获建设部鲁班奖。自此以后，万达“住宅专家”的地位便已然无人能撼。

2001年，重心转向商业地产之后的万达，依然没有停止住宅升级的脚步。在2006年上半年时，万达宣称：万达将致力于高端豪宅、奢华别墅的开发和研究。随后启动的海景豪宅大连明珠和北京万达大湖公馆便是中国城市豪宅的样本。

近年来，以“万达公馆”命名的万达豪宅系列遍布国内一二线城市，受到市场热烈追捧。高人气的万达公馆始终力求精益求精、更进一步，成为了引领国内豪宅创新的杰出典范。

目前，万达在全国住宅领域累计开发面积逾1000万平方米。厚积二十余年的丰富经验，城市豪宅已发展成为万达产品线中极其重要的物业类型。当星星之火逐渐燎原，万达已悄然占据中国城市豪宅的领先位置，其专业成就，已得到行业的广泛认可。

区位、环境、配套三大优势的汇聚，是万达豪宅血统的固有基因。在万达看来，城市豪宅至少应该包括：核心的地段、优良的景观、高端的配套、卓越的品质、强大的品牌、尊贵的服务，六个方面缺一不可。万达将传统的地段豪宅、景观豪宅、品质豪宅等几大豪宅类型的独特优势融为一体，开创性地打造一种更为强调综合素质的“升级版”城市豪宅，也以此构建了世界级的尖端生活运营平台。显然，万达豪宅综合素质的全面提升，也是对中国城市豪宅标准的全面提升，引领了豪宅的新一轮进化。

从更深层次的意义来看，万达豪宅对专业化的精益求精，既实现了对城市价值的挖掘与再造，也体现了对豪宅使用者的尊重及对生活方式的理性思考。

在万达看来，每一个细节的展示，哪怕只是一个小小的螺丝钉，都是万达集团对客户未来完美生活的承诺。要做就要做到最好，质量的整改，是在一次又一次的精益求精中不断突破、不断地追求完美从而接近完美的过程。

智慧剖析

2011年1月21日，腾讯推出一款通过网络快速发送语音短信、视频、图片和文字，支持多人群聊的手机聊天软件——微信。用户可以通过微信与好友进行形式上更加丰富的类似于短信、彩信等方式的联系。

2011年1月21日，微信诞生；2012年3月，微信用户达1亿。2012年9月17日，微信用户破2亿。2013年1月15日晚，官方宣布微信用户数过3亿。从2亿到3亿，仅用了不到4个月时间……

这样一个撒手锏的产品，不仅改变了腾讯在人们中的形象，也让马化腾自己下定了做精品的决心。以往腾讯看见一个新市场领域，就推出一款新产品，现在这种做法已经不提倡了。马化腾提到，产品的重点要从“数量”变为“质量”，做出令用户喜爱，令自己感到激情的产品。

腾讯的张小龙被称作是“微信之父”，他也是腾讯精品理念的主要代言人，他对于微信细节的苛求常常会令他手下的工程师们恐惧。

大到一个按钮应该在左边还是右边，小到一个图像差了几个像素，都是他会深思熟虑、反复掂量的问题，任何不起眼的小细节都足以让他和产品经理通宵地争执。而在第二天上午时，产品经理们就要带着昨晚的修改意见和修改后的成品，交到张小龙手中。

一次，张小龙问一个同事，微信3.1与3.0的会话列表相比修改了什么地方？对方说没看出来，张小龙告诉他：“会话列表每一行高度少了两个像素。”

张小龙在广州研发部拥有一间独立的办公室，这间办公室在10层办公楼最里面的一个角落，房间中除了他的一张办公桌，还摆了一张方形的会议桌，因此，这也是广州研发部的会议室。工程师们常常会在半夜或者产品需要紧急调整时被张小龙召集到办公室开会。

正是在这间充满烟味、汗味的办公室里，张小龙和产品经理们在6个手机平台上发布了90个微信更新版本，几乎每次在更新前，办公室里都会传来大声的争执声。

虽然有人批评张小龙是独裁者，但就是张小龙的反对者也不得不承认：“张小龙是一个厉害的角色，厉害的人玩独裁是可以做出厉害的产品的。”

我们必须承认，我们大多数人都是很平凡的，我们的能力其实也不会相差太多，能够独当一面的人毕竟只是少数。但即便是一位资质平平之人，如果能具备坚忍不拔、追求极致的品质，想要吸引雇主的注意也并不完全是件难事。一步一步实现自己的理想，从平凡的人之中脱颖而出，也不只是一个“遥远的梦”。

想要实现这个优秀的梦，以下几条“优化法则”可以借鉴：

1. 时刻提醒自己，要有精品意识

在觉得工作索然无味、难以突破的时候，在觉得自己丧失了动力、倍感倦怠的时候，就该问问自己，还能不能做得更好？你会发现，提升空间一直都在。

2. 魔鬼在于细节

如果在每个细节上都做得比别人好，综合起来你完成的就是一个卓尔不群、比别人好很多的东西。就像水一样，九十九度是水，加一度，就成了气。累积“小赢”，实现“大赢”。

3. 扼杀得过且过的心理

当领导说“这次就先这样的时候”，你就不要再自欺欺人了，是的，你做得不够好，领导对你这次的工作成果并不满意。你不应该得过且过，轻易放过自己，而是立刻坐下来，把工作再精益求精，给领导一个惊喜。

如果一个人只是满足于“刚刚好”的状态，不思进取，成功将永远是遥不可及的事情。更为重要的一点是，没有人应该对自己感到心满意足。

成功源于做最好的自己，发挥自己潜在的天赋。不论你是普通员工或是管理阶层，甚至只是试用期的实习生，在不牺牲健康或其他更重要事情的前提下，做不到最好的自己就是失败的。

第十章 品德建设：老实做人，精明做事

人在巨富中死去是一种耻辱

万达注重慈善。

一是创业之初就重视。万达做慈善有传统，1990年，万达刚成立不久，就捐款100万元建设大连西岗教师幼儿园；1992年，万达捐款280万元把大连人民广场的硬覆盖改建成草坪；1994年，万达捐款2000万元建设大连西岗体育馆。

二是有制度安排。万达每年年初安排慈善捐助预算，年底对捐款情况进行总结，每年编制社会责任报告。

三是形成慈善文化。由于老板的重视和长期关注，万达内部形成慈善文化。在万达，员工慈善做得好，和工作业绩好一样能得到提拔、奖励。万达员工慈善事迹层出不穷，如万达每年新入党的员工每人捐助一名贫困儿童上学，这已成为传统。万达各地公司每年举行心灵之旅活动，每人每年至少做一次义工。

——《王健林：万达的企业文化》

记者：听说你信奉“人在巨富中死去是一种耻辱”，而且已经决定了财富的最终处置，将来要把90%的资产用作慈善基金？

王健林：钱多了嘛，（笑）钱多了就去捐多一点嘛，对不对？那如果你只有一个亿可能不会有这种想法，那发展的时候一开始人的想法都是，为自己嘛。这个我曾经讲过，人创造财富有三个层次，最低的层次就是为自己，这其实也没有什么错的地方，大多数呢是这样，对吧？奋斗几千万一两个亿，那当然主要是为自己为家人改善生活。再做一段时间我觉得可能是为名利，我还要赚更多的钱，我要证明自己啊，这是第二个层次。

最高的一个层次呢就是做社会企业家，能达到这个高度的人很少，卡内基呀，比尔·盖茨啊，巴菲特呀，还有其他一些这样的人。但达到这个层面的人真心实意地不是说为了秀，也不是为了名，真心实意是觉得，能力越大责任越大，需要把自己从社会上赚取到的很多东西还给社会，那真正的社会企业家，这个是比较少。

——王健林接受人物周刊采访

执行策略

2013年4月19日，在“中华慈善奖”的表彰会议上，经过专家委员会的重重审核和公众的积极投票，王健林获得了“最具爱心捐赠个人”奖，这是他第三次获得“中华慈善奖”。中华慈善奖是中国慈善事业领域的最高政府奖，自设立以来已颁发八届，王健林七次获奖，也是国内唯一七次荣获中华慈善奖的企业。

万达在积累财富数量的同时，更加注重财富的品质，王健林也是全国企业家中最早提出企业必须承担社会责任并积极身体力行的企业家。他常说：财富的本质是用来帮助别人。

2012年，万达在承担企业社会责任方面表现得更加突出，在创造就业、缴纳税收、慈善捐赠、义工服务等方面尤为突出，万达向社会交出了一份优秀的答卷。其中在慈善捐赠方面，2012年，万达慈善公益事业共捐赠现金3.9亿元，累计现金捐助超过31亿元，是全国捐助最多的民营企业。在义工服务方面，成立于2006年的“万达义工”已累计组织义工活动数千次，参加人次逾20万。2012年，万达集团共组织义工活动761次，60932人次参加。

王健林不仅率先垂范，积极践行慈善公益，而且在万达集团半年总结会或年会上都会号召全体员工多做善事，对行善举的员工进行表彰。在他以身作则的影响下，万达内部形成了浓郁的慈善氛围。

现在，万达集团已形成一个惯例，每到一处开发项目，都会捐建学校，至今已先后在全国捐建了四十几所希望小学和中学。

从2005年开始，每一名新入党的员工都要资助一名失学儿童，这已成为万达惯例。到目前为止，万达在全国已有70多家子公司，无一例外都成立了义工分站，每个万达员工都成为了义工；集团还专门下发文件，要求各地义工每年至少做一次义工，这在全国企业界中是极其罕见的。

而且，员工的善行义举同样被视作业绩，和员工工作表现好、经营业绩好一样会得到集团的提拔重用，集团甚至还制定文件规定了奖励标准。

大连万达物业公司的员工杨英曾连续数年关爱无人照顾的社会服刑人员的子女，王健林在获知她的事迹后，不仅全集团通报表扬，而且将她从一名物业普通员工提拔为部门副经理，工资涨了一倍；万达南昌地产公司的副总经理李建民，坚持见义勇为十几年，还捐助了三十多名失学儿童。王健林知道后，不仅把他树立为全集团的先进典型，专门安排他在万达集团的半年总结会上作30分钟的典型发言，对他通报表扬，号召全体员工向他学习，而且还给他晋升一级工资作为奖励；一段时间后，王健林又把李建民提拔为总经理。

万达人的乐善好施与王健林的公益精神是分不开的。他曾说过，万达的发展，不光是为自己，更是为社会做贡献，奋斗创造的财富最终要还给社会。

北宋著名文学家苏轼曾经说过：凡人为善，不自誉而人誉之，为恶，不自毁而人毁之。这几句话的大意是：凡是做好事的人，不用自己称赞，人们自然会称赞他；凡是做坏事的人，自己不骂自己，人们也自然会骂他。

的确，王健林在集团中的地位无人能及。参加过万达年会的人都知道，有些人花了差不多一年的时间来加班排练节目，只是为了在年会上博取他们偶像王总的一声夸赞。其人格魅力足见一斑。

智慧剖析

做了企业家还要做慈善家，因为只有具备社会责任感的企业才能得到社会的认可和尊重，才能实现永续发展。 近年来，越来越多的企业家迅速加入到慈善事业中。

2013年1月7日，邵逸夫早晨6时55分，在家人的陪伴下于家中离世。

无线电视于1967年成立，邵逸夫是创办公司的董事之一，他以无比的精力和视野带领无线电视成为了香港最大的电视台。除此之外，邵逸夫还是一位慈善家，对内地教育事业做出了不可磨灭的贡献。

邵逸夫去世的消息传开后，叹息声久久不息。这不仅仅因为他是香港电视广播有限公司的“老大”，也不是因为他培养出了太多的香港明星、拍了太多的经典电视剧，而是因为他用最为仁爱的方式告诉当下的民众——做慈善其实不需要太多理由。

有门户网站做了一份关于“提起邵逸夫，你首先联想到什么？”的调查。结果显示，选择“逸夫楼”的网民超过81%。这充分说明，邵逸夫在人们的记忆中，不是所谓的娱乐圈大佬，也不是因为他拍摄的经典影视作品，而是他为我们建造了一座又一座的教学楼。据相关调查表明，这位香港著名实业家在25年的时间里共捐赠内地教育47.5亿港币，捐建项目总数超6000个。

邵逸夫曾说，“一名企业家的最高境界就是成为慈善家”。几十年以来，他坚持用真实的行动践行着自己的诺言。即使不是因为互联网，即使没有新闻媒体，只要看到一座座坚毅挺立的“逸夫楼”，就足以感觉到这位老人的伟大。从小学，到中学，再到大学，都可以发现“逸夫楼”的身影。这样的慈善壮举，遵循了“人道”“博爱”的慈善理念。

最为关键的是，邵逸夫对于教育的重视是无条件的。他没有因为我国教育存在诸多的问题而拒绝做慈善，对内地的慈善机制也没有任何偏见，他只是在做慈善。而且义无反顾，一往无前。他说，“国家振兴靠人才，人才培养靠教育，培养人才是民族根本利益的要求”。近40亿的捐款足以说明，他个人对于我国教育事业所做的贡献，不比任何一个教育部门逊色，甚至要更多。

斯人已逝，精神不死。邵逸夫的慈善精神，需要得到传承。对于持有财富的企业家，要告诉他们，请把钱花在做更有意义的事情上；对于众多的慈善机构，要建议他们，请真心诚意地做慈善，用一颗澄澈的心专注于这项神圣的事业；对于全体民众，要鼓励他们，做不做慈善其实不需要理由和借口，即使慈善体制不健全、教育体制不完美，一样有人能够成为伟大的慈善家。

老实做人，精明做事

欧洲有一句谚语说，“骗我一次是你的错，骗我两次是我的错”。做生意不能骗人，也不能被人骗。于是提出一个口号：“老实做人，精明做事”。“老实做人”指自身诚实，靠真功夫发展；“精明做事”就是小心谨慎，不被别人骗。

——《王健林：万达的企业文化》

执行策略

万达集团的企业文化能够达到现在的高度，不是一蹴而就，而是循序渐进，逐步完善的。从1988年创立到1997年，这一时期万达的核心理念是“老实做人，精明做事”，文化的重点是诚信经营。

如今再看这个口号，很多人会觉得很简单，但在当时却是非常了不起和有魄力的。在20世纪八九十年代，房地产市场极度混乱、毫无章法可言，没有土地出让制度，销售也不需要许可证，只要有本事搞到地，就可以玩“空手道”——先卖期房，拿到钱后再建房子。

就是在这样的环境下，万达集团的前身——西岗住宅开发公司成立后不久，总经理就遇到了经济问题，公司负债好几百万，难以维系。当时的区政府提出，谁有本事把这家公司救活，把欠款还上，就把这个公司给谁。王健林当时正在西岗区政府当办公室主任，得知这一情况后主动请缨，随即下海接管了这家公司。这也是王健林踏入房地产行业的第一步。

1989年上半年，公司第一次开发项目，开盘前王健林去销售部检查，销售经理向王健林汇报说，主管副总经理之前交代，卖房时每套房子要多算点面积。王健林很不解，问为什么？回答是副总经理说现在市场就这样，很多人都在加，我们还算加得少的，反正也不会有人管。王健林听后一口回绝，立即制止，要求必须按照实际面积老老实实地卖房子。在他看来这种做法无异于欺骗。

虽然市场环境一片混乱，骗人的多，被人骗的也多，但是企业本身还是更要坚持诚信经营。欧洲有一句谚语是这样说的，“骗我一次是你的错，骗我两次是我的错”。王健林坚持：做生意不能骗人，也不能被人骗。因此他提出了一个口号：“老实做人，精明做事”。“老实做人”指的是要自身诚实，靠真功夫发展；“精明做事”指的是要小心谨慎，不被别人骗。

万达从创立之初就一直秉承“老实做人，精明做事”的经营理念，企业经营者和员工都一以贯之，这也是万达二十几年来始终走在行业前列，担当风向标的主要原因。

智慧剖析

万通控股董事长冯仑在其著作《野蛮生长》中系统而形象地阐述了人及企业的“三个钱包”。冯仑认为，第一个钱包是现金或资产，第二个钱包是信用，第三个则是心理的钱包。这三种钱包的使用方法分别是：

第一个钱包是现金或资产，这些东西是物化的，可以看到的。比如在银行存了100万，还有100万房产、100万股票，是可以计算的钱包。多数人每天在算的就是这个钱包。

第二个钱包是信用，别人口袋里的钱你能支配多少。比如你给朋友打电话借100万，结果下午钱就到账了。虽然这个钱在法律上是不属于你的，但是你是能够支配的，这种钱难以度量，它是抽象的、虚位的。在危急的时候，信用钱包富有的人更容易渡过难关。

第三个是心理的钱包，有人花费了100万，觉得挺少的，因为他总共有一个亿；有人只有10000块，花了9999块后，心想完了，要破产了。同样一种花钱方式在不同情境、不同心态下，我们对钱的多少的理解是不一样的。在困难的时候，一元也可能顶100万；但是拥有一个亿的时候，就觉得100万也似乎不是钱了。

因此，要想做好一个企业，就是要守住第一个钱包，放大第二个钱包，调整第三个钱包。守住第一个是根本，放大第二个是为了促进第一个钱包的增长，最后是调整心理预期和实际的风险控制，让心理钱包保持平衡。

在这其中，第二个钱包是最难管理的，也是最需要加强重视的，信用资产就像是氢气球，可以飞得很高，但也可能很脆弱，一扎就破。越是大企业，越要守护好自己的信用钱包，踏踏实实干实事，安安稳稳赚信用。

所有成功的企业，在创业期间，都会经受关于诚信的考验，都要做好放大第二个钱包的工作。联想之所以能获得今天的成功，和柳传志在创业之初就灌输的以诚信为本的企业文化密切相关。

20世纪90年代初期，联想一直从香港的中国银行贷款买元器件。当时，人民币与美元的比价波动非常剧烈，联想最初与进出口商定好的汇率是6元人民币兑换1美元，但到了真正需要支付时，人民币对美元的汇率却一下子飙升到了12：1。一直与联想合作的进出口商因为不想承受汇率波动造成的巨大损失，因而拒绝兑换。进出口商若不履行合同，联想就拿不到港币来归还银行的贷款，也就等于违背了对银行的承诺。

最后，柳传志和公司的几位领导研究决定：让进出口公司按照12元人民币换1美元的价格进行兑换。这也就意味着联想要为此多付出一百多万人民币的代价，这样的一笔巨款对于当时还没有走出创业困境的联想而言，无疑是一个晴天霹雳。但柳传志却坚持认为，对于一家企业而言，诚信才是无价的。

当联想按期把钱如数还给中国银行时，接待柳传志的银行经理非常吃惊。在当时的市场行情下，除了联想外，还没有一家中国企业能做到按时还贷。

也正是因为柳传志信守承诺，联想从银行贷款一直没有碰到什么困难。就在还款后，由于联想的信贷资金周转良好，在国际上多做了一轮生意。年底结算时，联想的营业额和利润甚至比以前做得更好。

1996年，联想在香港的业务出现重大失误，亏损额高达1.9亿元。柳传志闻讯立刻从北京赶到香港，准备找银行贷款，借些钱把现金流稳住，因为如果现金流一断，公司很快就会陷入瘫痪。在与各大商业银行的交涉中，柳传志并没有隐瞒实情，如实将公司的情况一一说明。当时，花旗、渣打等知名国际银行全部都因担心风险问题而拒绝向联想借贷，只有中国银行敢于将巨额的贷款交给联想。由此不难看出，诚信不可小觑的力量。

对此，柳传志深有感触地说："对于诚信，我们曾经付出了很大的代价，但是我们却因此得到了更大的好处。人真的需要像爱护眼睛一样爱护自己的名誉。”

诚信的感召力是无限的，有了诚信这种特殊的钱包作保证，创业者的事业才会渐入佳境，获得消费者和投资者的青睐也指日可待。

诚信的钱包是市场的基石，是企业制胜的法宝。对于创业者而言，有多少人信任你，你就拥有了多少次成功的机会。成功的大小是可以衡量的，但信誉却是无价的。

扶持别人就是扶持自己

首先要确保项目兑现承诺，万达每年10月有一个招商大会，一两千个商业连锁公司来参加，我在会上公布第二年有哪些店开业，在哪一天。很少有企业敢这么做，你敢说哪一天？万一有变化呢？万一工程延期怎么办？零售企业和服务业企业利润都是比较低的，员工招聘进来能辞掉吗？而万达敢说。再就是万达出了十多本手册，很多都是研究客户心理学和租户心理学的，研究如何让租户进来就能赚钱，如果你买了商铺租不出去，我们还给你代招租，扶持别人就是扶持自己。

——王健林谈收租管理

执行策略

超市、百货虽然看着热闹、繁华，但对商业地产商来说，必须正视的却是其收益极低的现实，只有中小店铺才是创造收益的主要力量。王健林自然知道这一点。因此，除了沃尔玛、家乐福、百盛这样的“大房客”，万达在

“小伙伴”身上也花费了不少心思。

诞生于沈阳的大玩家超乐场，是万达较早的合作对象之一，一开始经营得并不好，万达就允许给业主减免一部分租金。但随着万达的快速扩张，大玩家渐渐有些跟不上，然而王健林破例做了一个决定：“我们的财务部帮他收钱，帮他管账。一般谁愿意干这个呀？也有人跟我说，你还不如自己做，我说咱不是万能的，别什么都自己弄，人家好歹也跟了我们好几年了，还是得扶持一下。”

后来，大玩家获得了几千万美元的风险投资，成为了中国电游行业的第一品牌，便自己把账接了回去，“现在我开多少他都跟得住”。

除此之外，还有一些更小的餐饮品牌，也都营销有方，很受消费者欢迎，但因为规模有限也难以跟上万达的扩张步伐。王健林当机立断，“好，像这种企业，我就跟他谈条件，比如前期装修的2000万我帮你出，分10年摊到租金里，他一听很高兴啊，只要出个几百万、置办些锅碗瓢盆就能开个店了，他当然愿意跟我走了。”

将大房客、小租户们招之即来，王健林的秘诀并不复杂：“首先要确保项目兑现承诺，万达每年10月有一个招商大会，一两千个商业连锁公司来参加，我在会上公布第二年有哪些店开业，在哪一天。很少有企业敢这么做，你敢说哪一天？万一有变化呢？万一工程延期怎么办？零售企业和服务业企业利润都是比较低的，员工招聘进来能辞掉吗？而万达敢说。再就是万达出了十多本手册，很多都是研究客户心理学和租户心理学的，研究如何让租户进来就能赚钱，如果你买了商铺租不出去，我们还给你代招租，扶持别人就是扶持自己。”

智慧剖析

王健林说，扶持别人就是扶持自己。即便是牺牲自己的利益，也要尽最大的努力扶持“房客”。万达也正是靠着这样无私、仗义的精神，拥有了好人缘、好口碑、好业绩。

犹太人有一句名言：帮助别人就是帮助自己。爱默生也说过：人生最美丽的补偿之一，就是自己真诚地帮助了别人之后，别人也真诚地帮助了自己。因此，在别人需要帮助的时候伸出援手，不是一种损失，而是一种收获。

善待别人就是善待自己。一句温暖的话，一个友好的举动，都能深深地温暖别人的心扉。在关键时刻，你伸出了助人之手，可能就会有意外的惊喜临到。

在一个风雨交加的夜晚，一对老夫妇走进了一家旅馆。他们疲惫不堪，只希望能有一个温暖的房间来解除疲劳。但是服务生却告诉他们，酒店里所有房间都被前来开会的人订走了。就在老夫妇忧愁不已时，服务生却说，如果他们不介意的话，他愿意提供自己的房间让他们住，而他自己则可以在值班台过一个晚上。老夫妇最终接受了他的美意。第二天，当老人要付款时，服务生拒绝了，他说因为提供的是自己的房间，无须付费。

几天后，这个服务生突然接到一封邀请函和一张前往纽约的机票。直到他飞到纽约后才知道，原来这对老夫妇是亿万富翁，他们感动于服务生热心的行为，决定提供一个酒店由他经营。而这个年轻的服务生，就是希尔顿酒店的创始人。

当你真心实意去行善时，善也一定会投射回到你的身上。俗话说，勿以恶小而为之，勿以善小而不为。行善，福虽未至，祸已远离。

当我们对别人特别好的时候，就是我们对自己特别好的时候。生活在同一片蓝天下，谁又能够离得开谁呢？我们只有给予别人最好的，我们最后才会得到更好的。

第一，要想能够帮到别人，我们就一定要有足够的能力和智慧，否则可能越帮越忙。“飞蛾扑火，自投罗网”“蚍蜉撼树，不自量力”等故事说的都是因能力不够或智慧不足所导致的悲剧。因此，我们要经常给自己充电；要时刻准备着，担当、付出。

第二，条条大路通罗马，只要有一颗肯帮助的心，方法总比困难多。例如，被称作“虎妈与熊猫的结合体”的NBA球星林书豪的妈妈，在影响、教育、帮助孩子方面是非常成功的，常常被人当做典范，但是她的方法却不一定适合于每个人。我们往往只看到冰山一角，看不到的却还有“水下世界”。要弄懂的，要修行的，要争取的，往往还在“水下”。

第三，帮助了别人，不一定马上就会得到回报，不要为此闷闷不乐；更不能因为得不到回报，就不再去主动帮助别人。我们要坚信，帮助也是一种信念，它会赋予力量，赐予信心。鹰击长空，鱼跃大海，天空和大海却不会期待雄鹰和鱼的感激。登高望远，蓦然回首，山峰和灯火也不会盼望着诗人和痴情人的感激。

第四，得到帮助时，一要多欣赏，勿指责；二要多信赖，勿怀疑；三要多感激，勿冷漠；四要多突破，勿放弃；五要多自信，勿自残；六要多超越，勿懒惰。如果没有母爱的无私，孩子的心灵将会干涸；如果总得不到他人的帮助，我们的灵魂也将会惊恐；如果他人的帮助总得不到赞赏，信任的桥梁可能沟壑凸凹，坍塌万里……

予人玫瑰，手有余香。扶持别人就是扶持自己，帮助他人，最终受益的也将是自己。

诚信缺失，万事不保

正是一些汕头商人道德信用的缺失使汕头丢弃了曾经与深圳、温州抗衡的经济活力。他们经商就是骗人，所以现在你看，改革开放30多年下来，他们现在不行了。现在稍微好点的企业都不敢说自己是汕头的企业。广州有一个很有名的电器厂，其实是汕头的，但是他不敢说自己是汕头的。

——王健林谈诚信

执行策略

2011年，在“第五届中国品牌节”上，王健林说：“从1990年到2000年再到2003年，看起来我们做的都是赔钱的买卖，做的都是傻事，但诚信就是这样一个问题，需要你付出比一般的不诚信更多的时间成本、价值成本，开始是要吃亏的，但是如果你认识到诚信的价值，你老老实实地做，愿意增加成本地去做，你换来了品牌，换来了以后的生活，这也是今天万达能够快速发展的原因。”这段话也表明了万达的经营主张：用诚信创品牌。

王健林喜欢拿温州和汕头的比较来诠释诚信和信用的重要性。在他看来，汕头衰落的主要原因就在于其诚信的缺失。

改革开放初期，汕头作为特区，加之地理位置上的优势，经济得以飞速发展。但是很快，它的速度就变得缓慢和停滞了，最终被边缘化，慢慢淡出了公众的视线。

王健林认为，正是一些汕头商人道德信用的缺失才使汕头丢弃了曾经与深圳、温州抗衡的经济活力。“他们经商就是骗人，”他说，“所以现在你看，改革开放30多年下来，他们现在不行了。现在稍微好点的企业都不敢说自己是汕头的企业。广州有一个很有名的电器厂，其实是汕头的，但是他不敢说自己是汕头的。”

王健林相信，德信拥有超越时间和空间的力量。他说：“德和信这二字对经商是非常非常重要的，它的威力是慢慢释放出来的，一旦你建立这两个字的品牌之后，你在市场上是无所不能的。”

在商人最应恪守的德信上，很多汕头人栽了跟头，“主要问题就是诚信缺失、道德缺失”。同样栽过跟头的温州人却花了很长时间重建了他们的信用，如今温州不仅重新站了起来，而且温州人还让人们为他们创造了一个新的说法——“温州再造”。

诚信虽然是已经讲了几千年的老话题，但它所拥有的力量却不容小觑。

1990年，万达在大连拿到一个开发名叫民政街小区的项目，决定把这个小区质量做得好一些。在当时国家的质量标准有五个：国优、省优、市优、优良、合格，万达决定争取都做到市优往上，但是在跟四家施工单位谈了后发现，四家施工单位都不同意做到市优以上，只同意做到合格。

四家施工单位都说，当时国家规定市优只准给2元的奖金，省优只给4元奖金，而真正做到市优成本增加10元，省优增加20元，慢工出细活。于是万达决心打破国家的规定，市优一平方米增加10元，省优给20元。就这样做了之后，省委找到万达和王健林说这是典型违反国家规定的行为。

但是王健林义正词严地说，这不需要任何人命令，我们是做好事的，违规有什么事情？最后，按照万达自己的规定增加了10元、20元，而这四家施工单位也纷纷转而决定做市优往上。

最终小区的工程做得非常认真，50%的产品都做成了市优，50%的楼做成了省优，其中两栋楼被评为辽宁省1991年样板工程。虽然增加了成本，但是却换来了中国第一个全优质量小区。

即便看起来是赔钱的买卖，但万达用赔偿和诚信换来的是无穷的收益。一言以蔽之，诚信是要付出代价，但是代价背后是无穷的收益。

智慧剖析

从巨人汉卡到巨人大厦，从脑白金到黄金搭档；从创业青年，到全国排名第八的亿万富豪，再到负债两亿多的“全国最穷的人”，再到身家数十亿的“资本家”，史玉柱可以说是中国具有传奇色彩的创业者之一。

史玉柱曾说过：在世界上的其他地方，要想一夜成名、一夜暴富，基本上可能性比较小，但在中国，只要你足够执着、诚信、勇于承担责任，你就完全有可能成功，一言以蔽之，你可以“赢在中国”。

对一个企业经营者来说，最致命的失败是什么？

史玉柱说：“是做了不该做的事，投了不该投的资。”因为亲身经历过，史玉柱的这番话自然透彻、震撼人心。

而对于一个企业经营者来说，最关键的成功要素又是什么？

史玉柱说：“是诚信。黄金有价，信誉无价。”

1989年7月，史玉柱南下深圳创业。虽囊中羞涩，但先人一步的思维方式，让史玉柱迎来最初的成功。

1991年，成立巨人公司。史玉柱凭借铺天盖地、无孔不入、狂轰滥炸式的广告策略加之渠道建设和严格管理，让一款全新的保健品在12亿中国人中家喻户晓。很快，史玉柱和他的脑黄金一起，成为妇孺皆知的明星。

在1994年，巨人大厦开始动工。当时极度膨胀的史玉柱立志要做成中国的第一高楼。盖楼的资金基本上通过集资和卖楼花的方式筹款，集资超过1亿元，未向银行贷款。然而，巨人在保健品和电脑软件方面的产业实力根本不足以支撑住70层巨人大厦的建设，巨人大厦需要的巨额资金抽干了巨人集团生物工程和电脑产业的血。1997年年初，巨人大厦未按期完工，购楼花者每天上门要求退款。巨人公司陷入财务危机。不久，建至地面三层的巨人大厦完全停工，巨人集团名存实亡，但始终未申请破产。

当时的史玉柱无力回天，连工资都无法发放，直到1998年，史玉柱开始做脑白金，决心东山再起。

2000年，史玉柱在央视《对话》栏目中曾表示，“老百姓的钱，我一定要还。”同时还提出了还钱时间表——2000年年底。

2001年2月3日，上海报纸刊登由史玉柱本人出面证实的报道：史玉柱的上海健特生物科技有限公司已成为上海民营企业中的纳税大户。而史玉柱将通过珠海一家公司收购巨人大厦楼花，也就是向当年的巨人大厦债主还款。

史玉柱认为："还钱是为了再站起来。因为我们坚信我们将来还是要做大事的。背着污点做不了大事，谁都会说：'这个人把公司搞得一塌糊涂，欠老百姓钱也不还。'这样的话你将来什么事都干不了。"

如果当初选择了破产，巨人集团就可以清算了事，毕竟，从法律角度看，有限责任公司只要申请破产，个人无须承担偿还责任。史玉柱完全可以不必用那么曲折的方式，通过第三方公司来还钱，脑白金赚来的两亿元资本，完全可以给他带来更多的利润。但是史玉柱却凭着良心作出了相反的选择。

柏拉图说过："不应该治疗肉体而不治疗灵魂。"这位古代贤人的伟大思想早已超越了时空，放之四海而皆准。史玉柱也用自己的实际行动证明了灵魂的洁净才是最重要的。

可见企业、个人的诚信水平事关重大。没有诚信，便难以利用真正的大的商业机会一展宏图。也正是凭借诚信铸就信誉的经营理念，巨人公司才在日后的发展道路上稳步前进，最终实现了"巨人归来"。

成为受到自己尊敬的一个"人"

访问者：我们现在假定你在照镜子，镜子里面的你与期望中的你有没有区别？

王健林：一样，又不完全一样。因为每一个人不可能完全清楚认识到自己，这很难做到。一个是认识自己的优缺点比较难；第二是认识到优点并把它发扬光大也比较困难；尤其是认识到缺点加以改正，更为困难。我现在算是比较清醒，我努力告诫自己，要时刻注意自己的缺点，不能把它们激发出来。比如说我容易激动，在激动或生气发脾气的情形下可能做出不正确的决定，所以我很努力地克服它们。我觉得很难。每个人都很难。

——《王健林：我想成为一个大慈善家》

执行策略

今天的王健林拥有很多值得夸耀的光环：中共十七大代表、全国政协委员、全国工商联副主席、CCTV中国经济年度人物……

在漫长的简历和称谓当中，他最为人们所熟知的始终还是——大连万达集团的董事长。很多人都坚信，王健林将赢得比现在更多的东西，譬如财富、尊敬、褒奖、光环和权力——至少万达的员工都愿意这么认为。

王健林想得到的不止是财富，他想让万达成为受尊敬的企业，自己成为受尊敬的企业家——事实上他更愿意成为受到自己尊敬的一个“人”。这也是他自己一直以来的梦想。

从某些角度看，房地产行业很容易滋生腐败——在这个被称作“权力集中、财务集中、问题集中”的行业，人很容易被诱惑。于是，廉洁与自律就成为了万达内部员工最基本又最可贵的职业操守。

身在高诱惑、高风险的房地产行业，曾有人建议王健林学习微软和沃尔玛，成立“防损部”，即监察部门，来监控员工的工作行为，以防企业受损。但是王健林却认为，员工是企业的主人，只要健全企业的管理制度，建设好企业文化，使全体员工统一价值观，那么员工的个体行为便会与组织行为同步。

王健林努力在企业中营造“高抗腐”的价值观：首先，在万达内部倡导“君子慎独”，所谓慎独，就是指当员工独处在没有人看见的场合时也能够严格要求自己，警惕内心深处尚处于萌芽状态的错误意识、不正当的私语和情绪，并用道德规范加以调整，使之回到正常状态，以求防微杜渐，防患于未然。简单来说，就是强调的自觉性，勿以恶小而为之。

作为万达帝国的开创者，王健林也是“慎独”精神最为坚定的履行者。这位从来没有时间去打高尔夫球、去滑翔、去度假的企业“一把手”说：“我经营企业就是八个字——‘战战兢兢，如履薄冰’。唐书《礼仪志》中讲过，‘饬身正事，业业兢兢，则凶往而吉来，转祸而为福’，万达就是要打造出一支敬业、严谨、积极、善战的团队，来实现所有万达人的梦想。”

曾被问到：对于中国，你觉得你能提供的最大价值是什么？王健林的回答是，我没想过能对整个国家提供多大价值，但对其他人来说，我所能提供的就是树立一个好的商人榜样。我相信恰恰是有了这种思想和行为以后，企业才会获得更大的成功。我想告诉企业界的其他人，有好德行的企业才有可能做得更大、做得更好。

我们相信，会有越来越多的工商领袖和新生代的创业者跟上王健林的脚步，当他们拥有了全新的理想而不只是跑步追赶财神的时候，他们会为这个国家做出更多的贡献。他们拥有比他们和公众所能想象的更多的能力和潜力，也拥有更多的挑战和责任。

智慧剖析

稻盛和夫说：“京瓷评价一个人的顺序是人品、努力、能力，这可能与欧美企业完全相反，能力固然重要，但更重要的是人品和努力。实际上，每一个人都会有适合自己的位置，京瓷会为员工提供这样的机会。京瓷总部解雇员工的唯一标准就是该员工是否认可并贯彻执行京瓷的经营理念。”

360总裁周鸿祎曾提出一个主张：要像打游戏一样干工作。在360有很多员工都爱打游戏，甚至在周鸿祎开会的时候，也会有员工在下边玩手机游戏。周鸿祎说，打游戏不是一件坏事，但是我认为一个人应该要把握住自己，不要让娱乐过度地毁坏我们的生活和工作。反而要像主动升级打怪那样，对自己的工作和学习，充满激情地进行自我目标认定、自我激励。

互联网时代，大家都喜欢打游戏，因为打游戏容易上手又能带来快感。但是必须承认，游戏是轻度毒品，如果缺少自控力则容易变成重度毒品，这是所有企业家都不愿意看到的。因为沉迷游戏，而犯了拖延症，耽误了工作，影响了企业效益，是愚人的做法。

在打游戏的时候，不会有老师、老板、朋友检查你，你今天到底升了多少级。也不会有人督促你，你怎么还没有涨级别，要抓紧时间赶紧练。但是你总是一有机会就上去看看，恨不得自己多升几级，甚至还会自己花钱去买装备升级。这就叫Self-motivation，自我激励，自我设定目标。

周鸿祎说，为什么不能把这种自我鼓励，放在你的工作或者学习上呢。如果真的那么喜欢玩游戏，不如换个心态来玩一下。

如果你想成为互联网的创业新星，年度明星员工，你就要不断地思考，怎么样利用一切的资源，怎么样调动一切的力量来实现这个目标，而不是只等着领导在背后拿着鞭子督促。如果是那样，自己都无法掌控自己，势必难以做出什么优异的成绩。督促是手段不是目的，只有自动自发才能获得成功。

以周鸿祎创业时期为例，当年他在北大方正的时候，做产品从来都没有等领导要求，反而是求着领导给时间，给空间，不断地去尝试。

一次他在给国务院办公厅的秘书培训局域网电子邮件时，突然萌生了一个想法。给这个软件做一个外壳，像游戏一样，让这些秘书不依靠培训就能够去用。没有时间纸上谈兵，他说干就干，白天正常工作，晚上和业务时间就开始做软件。

但是因为北大方正紧邻北大，而北大有很多食堂，还有很多的业余生活，晚上有录像、舞会、电影，因此可以说北大方正的员工想生活不幸福都很困难。这就和现在的打游戏一样是难以抗拒的诱惑。

当别人每天晚上都混到北大里去“happy”的时候，周鸿祎就一个人苦哈哈坐在宿舍里做他心中的那个美丽的界面，超群的程序。功夫不负有心人，最终的成果连领导看到后都很感慨。周鸿祎趁热打铁，请求领导再给一个机会，再做另外一个产品，后来便有了红极一时的飞扬电子邮件系统。飞扬虽然没有成功，但没有飞扬周鸿祎也就不可能进入互联网。

因此，很多事情都需要发挥我们的主动性，想清楚自己想要干什么，并以此为目标鼓励自己认真工作。

否则终日在办公室待着打发时间，却做不出什么业绩。这样浪费青春，其实比直接辞职走人还要可怕，甚至可以说是拿自己的生命和青春在开玩笑。周鸿祎说，从某种角度我觉得工资也不重要，你今天就是拿20万年薪又怎么样？我给你60万买你三年的青春，你愿意吗？生命和青春是最宝贵的。

想成为受到别人尊敬的“人上人”，首先要先成为受到自己尊敬的一个人，自动自发，不遗余力。只有这样，才能真正接近成功。

过金钱关的金钱观

主持人：第三个问题各位网友和我们现场的朋友们非常关心，2010年您成为中国首富，首富榜单上说401亿每个来的人都知道这个事实，刚才我们接待您的时候开始聊起来，您说人要过财富关，这个财富关是不好过的，您是怎么过的？

王健林：钱多了就过关了。讲真格的，刚才你说财富多少亿，说实话依我的目标来讲这个微不足道，我的目标追求比较多得多。我真是这么想的，赚更多的钱要把更多的财富弄出更大的东西，人要有梦想一直追求，否则我没有目标追求，我不给自己定目标追求，自己会懈怠了。公司也大了员工这么多，不给自己定目标自己找理由懈怠是非常容易的，马上会滑下去，我自己给自己定目标始终保持对财富的激情，是有一个目标在激励我。

——王健林谈财富

执行策略

2013年10月16日，《福布斯》杂志中文版公布2013中国富豪榜，王健林以860亿元人民币的个人财富首次登顶。其个人财富相比2012年大幅增长488亿元。《福布斯》中文版总编周健工表示，王健林财富的快速增长主要是由于2013年中国房地产市场复苏，同时万达大举进军国内外影视行业的关系，从而使其个人财富的增长来源逐渐多样化。

作为新晋首富，王健林的金钱观让人颇感好奇。王健林说人是要过金钱关的，金钱不是成功的唯一要件，很多东西不是靠金钱能得到的。王健林善心大于财心，他自认为是过了金钱关的。

虽坐拥上亿资产，王健林却坦陈，他从一开始做生意到现在，对待财富一直是比较散漫也比较随便的。在万达很多王健林的助手都非常反对他一个人出去谈合同，因为只要是他去谈一定会谈一个最差的合同回来。他总是会碍于面子问题不好意思反驳对方。虽然合同谈得差，但不难看出王健林不刻意求财，也不计较财富的宝贵品格，他自己也常说“小胜靠智，大胜靠德”，计较钱财的人不会成为很富的人。按一般规律来讲，舍才能得，胸怀大、情商高，交的朋友多，做生意的途径才会多，成功的机会也就多。因此王健林可以坦荡地说“我是过了金钱关的”。

王健林作为富豪，不仅生财有道，而且培育孩子的理念也颇为先进。他先是让儿子王思聪到国外接受先进教育，使他成为一个思维敏锐之人。如今王思聪学成归来，担任普思投资的董事长，万达集团董事。他在微博上也十分活跃，关注时代进步，关心社会发展，常有麻辣热评见诸微博。这一切都表明，在王健林的精心培育之下，王思聪至少与那些沉溺于物欲享受，陷身于纸醉金迷之中的纨绔子弟和新土豪不在一个段位，正在成为一个积极进取，积极介入社会的青年才俊。

虽然王健林的教育理念是建立在金钱的基础上的，但是他重视教育、重视实际能力的锻炼，仍然具有借鉴意义。学习知识、经受考验、提升实际工作能力对于年轻人永远很重要，即便贵为中国首富之子，也不可能随随便便就成功。

金钱绝不是成长的唯一要件，也不是王健林教子最大的亮色。不论出身如何，金钱观是每个人都需要摆正的。贵门出贵子不容易，寒门出贵子也不是没有可行性。缺乏充裕的资金，不能花钱买顶级教育，就更需要花精力努力学习，让自己拥有安身立命的起码知识储备；不能花钱买教训，就尤其需要在社会的大熔炉中不断摔打、接受考验，努力去开拓广阔的生存和发展空间。

智慧剖析

正如王健林所说的，只有看清财富、不为钱财所累的人，才是真正富有之人。在众多优秀的企业家中，娃哈哈董事长宗庆后算是一位。

他靠卖一瓶瓶饮料赢得了820亿身家，他凭借对社会环境的深刻领悟，占领了全国每一个城乡小店，影响着中国人的日常生活，他的日子过得如苦行僧一般，年近七旬依然每天拼命工作16小时，他还决定再奋斗20年，2012年他凭借820亿元的财富荣登中国首富榜首。

事实上，这已经是宗庆后第三次夺得首富榜的桂冠了。已经年逾七旬的他，面对着马云、史玉柱的纷纷退位，他却表示还要再干20年，究竟是何原因？

在宗庆后看来，820亿的财富对他来说不过是一张大钞票，他对“首富”的头衔没有太多感觉。他说，因为我没有权钱交易，财富都是清清白白的，也就不怕被评为首富。宗庆后更看重的则是首富头衔带给他的工作上的便利，当他做国际精品贸易，到国外洽谈代理合作时，会切实感受到方便。

宗庆后说，做好企业是一种责任。他曾做过统计，娃哈哈在全国各地建厂，间接带动了原材料、包装材料、水电、运输等相关行业近150万人的就业。仅经销商就有8000多家、级别更低一些的有十几万家，实在是一个巨大的数字。因此只有娃哈哈做好了，全中国数以万计的人们才都有钱赚。可谓同呼吸，共命运。因此宗庆后一刻也不敢放松。

虽怀抱巨额财富，宗庆后的消费水平却比娃哈哈的员工还低。每天拼命工作16小时，没工夫消费是一点，从小过惯了苦日子，习惯清苦生活是第二点。可以说，这笔财富同时也是他人生价值的一个体现。

做企业好比逆水行舟，不进则退。作为快消品行业的“龙头”，宗庆后有强烈的危机感，他主张，只有不断快速发展创新，才不会落伍，晚走一步就可能落伍了。落伍以后再想翻盘，难度会大得多。因此只要身体允许，他就会拼命工作，拼命寻找新的发展思路。

如今，社会在营造勤劳致富的氛围，作为有钱人更应该帮助没钱的人共同致富。有钱人都是改革开放的受惠者，所以这个群体更需要承担起社会责任，帮助未富裕人群致富。

把诚信当作自己的品牌

诚信不仅是敢于严格要求自己，还要敢于负责。我们也是有教训的。

2003年我们在沈阳市太原街投资建设了一个万达广场。那个时候不太了解商业地产的门路，我们做了300多个商铺销售，销售6.1个亿。卖完之后，虽然位置是极好的，在沈阳市核心区，但是设计得有缺陷，交通不便。卖出去之后，商业不好，老百姓商业回报率很低，埋怨声很多。我们了解到有一二十户都是借高利贷买的，这个事情极大地刺激了我们管理者。我们前后召开了若干次事情论证，我就拍板，全部退，拆除重来。买容易啊，退就难了，退了就要付出更高的赔偿。当时我们给的条件是1.5倍，你买了三年多一点，每年15%也足够了，退1.5倍。后来到2008年重新改造，2009年重新开业，现在是非常漂亮的购物中心。

这件事情我觉得对万达集团发展史上是一个里程碑的事件。当年的海尔能把40多台冰箱砸掉，都不能跟万达集团相比。我们是付出了十几亿的代价。

为什么这么做？第一为消费者负责；第二，我们把商业地产作为今后若干年发展的支柱产业。这件事情是我们心中永远的痛，这件事情在中国企业史上至少空前，不敢说绝后。这件事我们在当地换来了非常好的口碑，这个企业非常负责。所以我觉得诚信经营是我们非常重要的精神。

——“大佬对话80后、90后 :《中国企业家》走进校园”系列活动讲话

执行策略

2003年，万达在沈阳太原街开发的万达广场，销售出去大约350个商铺。但是由于万达当时还是刚刚进入商业地产的“菜鸟”，经验不足，动线规划不当，因此卖出去的商铺人气不旺，经营也出现了问题。

考虑到小业主的利益，万达决定统一包租经营，为此专门聘来大型百货

公司的老总，集思广益，一起出主意、想办法。先是尝试给商业街加屋顶、通暖气，解决了冬季寒冷销售滞缓的问题。后又将这些商铺和地下一层连通，实行整体经营，并安装多部电扶梯，共花费了几千万，其间多次更换招商团队，可谓绞尽脑汁，但直到黔驴技穷，局面却始终没有得到根本改观。

勉强经营了三年，2007年时，万达对商业地产的理解更加深刻，集团内部经过反复论证，认为太原街万达广场属于设计失误，是从娘胎带来的毛病，即便后天努力补救，也是治标不治本，难以逆转，目前唯一的解决途径就是拆掉重建。有部分不满的业主到法院起诉万达，要求退铺，前后打了几十场官司，但最终都以万达胜诉告终。

换做其他企业，完全有理由置之不理。但万达为了商业地产的长远发展，更为了对投资者负责，还是勇敢担起了责任，下决心回购重建。

太原街万达广场于2008年拆除重建，2009年竣工后重新开业，开业后生意兴旺。万达销售店铺收入只有6.1亿元，而回购花了10.2亿元，加上重建费用总共损失了近15亿元。

这是万达勇于负责、不计任何代价坚持诚信经营的典型事例，值得宣扬。比起海尔经营史上的里程碑——挥锤砸冰箱事件则要伟大得多，当时海尔只是砸了几十台冰箱，万达是砸了350个商铺，已然不可同日而语。而且回购重建是在2008年年初，是企业资金十分紧张的时候。万达退赔的时候，很多业主感动得当场哭了。还有几十户业主坚决不肯拿钱，表示只要万达在沈阳推出商铺，他们再买。万达沈阳退铺事件在中国企业诚信历史上不仅空前，而且可能绝后，是万达诚信文化建设的标志性事件。

由于诚信经营做得好，万达连续多年获得国家部门和行业协会颁发的全国诚信房地产企业称号。2007年，住建部和中房协召开全国房地产企业诚信经营大会，甚至邀请万达专题介绍诚信经营经验。

在法律上都可以置身事外的事情，万达却为了企业信誉和业主的利益，毅然在企业资金十分紧张的时候扛起了责任的大旗，就像王健林所说的：诚信不仅是敢于严格要求自己，还要敢于负责。诚信经营不是空喊口号，是敢于负责让万达赢得了民心，赢得了市场，赢得了商业地产业的最终胜利。

智慧剖析

在职场和商业活动中，我们一定要恪守诚实守信的基本原则，绝不能因一己之私而违背诚信的原则。事实上，只有诚信才能为企业带来财富，为个人带来成功。

香港著名实业家李嘉诚先生也曾经就自己多年经营长江实业的经验总结道："做事先做人，一个人无论成就多大的事业，人品永远是第一位的，而人品的重要因素就是诚信。"因为诚信是一种"长期投资"，唯有长期遵守诚信的原则，才能建立和维护你的信誉、品牌和忠诚度，才能得到可持续的成功。

伊丽莎白是一家大型公司的资深人事主管，在谈到员工录用与晋升方面的尺度时，她说："我不知道别的公司在录用及晋升方面的标准是什么，我只能说，我们公司很注重应征者对金钱的态度。一旦你在金钱上有了不良的记录，我们公司就不会雇用你。很多公司也跟我们一样，很注重一个人的品行，并且以此作为晋升任用的标准。如果品行有污点，即使应聘者工作经验丰富、条件优越，我们也不会聘用的。"这样做的理由有四点：

第一，我们认为一个人除了对家庭要有责任感外，对雇主守信是最重要的。你在金钱上毁约背信，就表示你在人格上有所缺陷。

第二，如果一个人在金钱上不守诺言，他对任何事都不会守信用。

第三，一个没有诚意信守诺言的人，他在工作岗位上必定也会玩忽职守。

第四，一个连本身的财务问题都无法解决的人，我们是不任用的。因为频繁的财务困难容易导致一个人去偷窃和挪用公款。在金钱方面有不良记录的人，犯罪率约是普通人的十倍。当我们支出金钱时，要诚实守信。这一点也同样适用于我们为人处世。

诚信是衡量人品行的试金石。诚实守信不仅反映出一个人的品行，而且能让人建立起对家庭、对社会的强烈的责任感。因此，在任何时候，我们都要把诚信当做自己最好的品牌。

在美国，企业非常注重培养员工的职业道德。例如，微软在雇用员工的时候，列在第一位的考察标准就是职业道德。与智力水平和经验等因素相比，微软认为职业道德是最为重要的。“只有雇用到值得信任的员工，我们才会给予其充分的自由度。”微软在解释职业道德时，用了这样三个词，诚实，正直，值得信赖。将这三个单词的意思整合起来，正是“诚实正直、信守承诺”，也就是我们所谓的“诚信”。

第十一章 精神建设：做个充满希望的造梦者

勤奋和努力，保障执行力的基础

我自己总结，成功核心的地方主要有三方面：勤奋、才智和机遇，在这三个方面中，才智是非常重要的，机遇也很重要，所以为什么，同样的两个人做一样的事情，付出一样的努力，时间也一样长短，但有的成功有的却不成功，虽然运气也很重要，但是在这三方面当中，我认为最重要的就是勤奋，就是奋斗，勤奋能够弥补你才能的不足。

——《王健林：〈致奋斗〉》

背景介绍

2013年7月6日，在“中国创业榜样”大型公益活动中，王健林发表了名为《致奋斗》的演讲，生动阐释了创业中“勤奋可以弥补一切”这一观点。

奋斗是一种状态，是一种精神，可以简单概括为两句话：奋斗就是勤奋工作，充实生活。如今，大多数人都渴望成功，但是怎么样才能成功呢？

在王健林看来，成功核心的地方有三方面：勤奋、才智和机遇，而在这三方面中，王健林认为勤奋是最重要的，因为勤奋可以弥补人才能的不足。

25年前，王健林从一个转业军人创业去做房地产，当时完全是“两眼一抹黑”的状态，图纸看不懂，业务也搞不明白，同事怀疑他，同行笑话他，甚至很多人给他下了定论：从哪来一定会滚回哪去。

面对这些眼光和讥讽，王健林没有退缩，反而下定决心一定要先把业务学好，因此在之后的四到五年里，王健林几乎放弃了全部的休闲时间，白天要上班，他就利用晚上和节假日的时间，别人去玩的时候，他一个人窝在屋子里看图纸、看业务书，向别人请教。就这样坚持了四五年，王健林相当于读完了房地产业务的大概两个甚至三个大学，不论是规划设计或是建筑经济学，从一无所知变成了精通。

王健林凭借惊人的勤奋和努力，俨然成为了房地产行业的专家，因此，他坚信勤奋可以弥补才智的不足，勤奋可以弥补一切。

除此之外王健林还说明了勤奋与机遇的关系，很多人认为只要有了机遇，即使不够勤奋也没什么关系，但是在王健林看来，只有勤奋才是发现机遇、把握机遇的捷径。

智慧剖析

一个人的发展与成长，天赋、环境、机遇、学识等外部因素固然重要，但更重要的是自身的勤奋与努力。没有自身的勤奋，就算你有旷世奇才，也无法发挥；有了勤奋的精神，纵然是资质平平，你也能够获得成功。正所谓勤能补拙，成功不单纯依靠能力和智慧，更要靠每一个人自身孜孜不倦的勤奋工作。

古罗马有两座圣殿：一座是勤奋的圣殿，另一座是荣誉的圣殿。它们在安排座位时有一个次序，就是必须经过前者才能达到后者。那些试图绕过勤奋，寻找荣誉的人，总是被荣誉拒之门外。勤奋是通往荣誉的必经之路。

周华健一首《真心英雄》曾唱出无数成功者的心声：“不经历风雨，怎么见彩虹，没有人能够随随便便成功……”平淡的语言蕴含深刻的哲理，令人荡气回肠，回味无穷。没有人能够随随便便成功，除非他勤奋工作、努力奋斗、不懈追求。无数成功者的成功经历都印证了这一点。

篮球巨星迈克尔·乔丹说，他每天都要练习超过3000次的各种角度的投篮动作。正是因为如此，每当面临紧急情况的时候，他总是能够稳操胜券。

盖瑞·布雷尔是美国高尔夫名将。曾经有人问他：“为什么你的球技如此精湛，并且挥杆的姿态毫无瑕疵，既远又准？”盖瑞这样答道：“我每天早上起床之后就拿起球杆不停地挥动，至少挥1000次；当双手出血的时候，我会把伤口包扎好后继续练习，我就这样一直坚持锻炼，到现在已经30年了。”

在特罗洛普刚刚从事写作的时候，一个作家的建议使他受益终生，后来，他又把这句话送给了罗伯特·布坎南。他说：“如果你想成为名垂千古的作家，在坐下来写作之前，先放一点鞋匠的黏胶在椅子上，有这样的创作精神才有希望成功。”

由此可见，历史上的成功人士都无一例外地拥有一种常人所没有的特质，那就是勤奋。人生中任何一种成功的获取都始之于勤，并且成之于勤。勤奋既是成功的根本和基础，也是成功的秘诀。没有勤奋，任何一项成功都不可能唾手可得。

勤奋是敬业的基石，是把握机遇走出一条完美人生之路的跳板。只有不断进取，奋发向上，才能成就梦想。松下幸之助说：“当年创业的时候，我对自己说：‘要好好努力，多比别人付出一些。只是埋怨辛苦是不会出人头地的，现在拼命努力和忍耐，将来一定有出息。’因此，在冬季结冰的天气下做抹布清洁工作，虽然很辛苦，转念一想，这就是忍耐，努力干吧，将辛苦化为希望。”松下正是靠这种多吃苦、多付出的精神才拼出一番事业的。在当上老板之后，他告诫他的员工要得到晋升就要有吃苦耐劳、勤奋、付出的精神。不怕苦，不怕累，勤奋工作，努力奋斗，不懈追求，必定会迈向成功。

勤奋努力是人生和事业的必经之路，没有人能够随随便便成功，只有真正勤奋的人才能成就一番事业。

摔倒后拍拍尘土，笑着往前走

《时代周报》：最困难的时候曾经想过放弃吗？

王健林：没有，我这个人是一个坚定主义者，军队磨炼出来这种意志品质是非常坚定的。就像刚才讲的，打几百场官司公司里从总裁丁本溪到所有同志都劝我：你看住宅卖得那么好，又不愁，那时候没有限购，基本上嗖嗖的，出来就没了，只要把地搞到手就搞到钱，说你何必？

确实我自己疑虑过多次，是不是路走得不对？但是我一想如果我们老搞开发，如果有一天房地产发生系统性风险，或者有一天这个规模终结了，怎么办？我们是民营企业，那时候有很多人正厅的副厅的跟着我干，你看老丁，中远房地产集团的总裁，还有好多人后来跟着我了，我想这帮弟兄我怎么对得起他们，我一定要找一个靠谱的东西。另外，其他的我们也试过了，搞超市公司，搞医药，搞电器厂，最后大家都觉得不靠谱，都卖掉了，还是决定做商业地产。

——王健林接受《时代周报》的采访

执行策略

王健林经常讲两句话，他说“我到了黄河心也不死，撞了南墙也不回头”，为什么？到了黄河搭个桥就过去了，撞了南墙搭个梯子翻过去了。只有具备了这种不怕失败、坚强乐观的精神，才能够获得所谓的成功。

2000年，万达开始转型做商业地产。但是作为不动产行业里的“菜鸟”，万达团队几乎不懂规划设计，又缺乏实战经验，以至于在2000—2003年三年多的时间里，万达当了222回被告，打了222场官司，甚至还被中央电视台《新闻联播》点名批评。因为几乎天天都在打官司，企业发展举步维艰。

在巨大的社会舆论的重压下，很多万达的员工都哭了，后悔之余也想过放弃。在这种情况下，从一起“打天下”的总裁丁本溪到基层员工都在劝王健林，说咱们之前做住宅地产，做得顺风顺水，为什么一定要搞商业地产呢?

面对众多的不解和质疑，王健林坦言，他确实犹豫过，犹豫过很多次。但直到最后他还是说不行，因为做住宅房地产不是一个长久行业，从全世界来看做住宅地产都没有超过半个世纪红火的，可能三四十年后这个行业就衰败下去了，而万达的目标是做百年企业，也为了和他一起创业的弟兄们的今后长治久安，王健林他还是选择相信自己的判断力，相信团队的能力，他决定给自己，也给团队定一个目标，坚持做到2005年年底，做满五年，如果还是像门外汉一样难以入行，再撤。

凭着这种向困难宣战、绝不低头的韧劲，到2004年万达做宁波的一个项目时，一下找到了灵感，既能卖商铺，又能卖住宅了，并且有了现金流，甚至把物业也建起来了，漫长的打官司道路也终于走到了尽头。

有了这次的成功经验后，万达从之前的摸着石头过河渐渐熟能生巧，并最终实现了得心应手。很快，万达推出了现在普遍称之为“第三代万达广场”的这种设计：上海的五角场、宁波的鄞州、北京的CBD，这三个广场的成功开业，以及开业后的成功经营，彻底奠定了王健林和万达人的信心。

现在地产行业有一句顺口溜：住宅有万科，商业看万达。如今的万达从最初一知半解的“门外汉”变成了引领时代的“风向标”。这样的剧变和王健林主张的“到了黄河心也不死，撞了南墙也不回头”的人生态度密不可分。如果当初王健林在众人的劝说下放弃做商业地产，也就不会有今天“钟情”商业地产，独创康庄大道，树立行业标杆的“万达帝国”了。

失败是成功之母，越是深陷失败和绝望的泥潭越要相信自己和团队，不轻言放弃。即便是把冰箱卖给爱斯基摩人这样的任务都有解决办法，还有什么事情是绝不可能完成的呢？只要摔倒后拍拍尘土，笑着往前走，就一定能成为最后的赢家。

智慧剖析

巴顿说：“衡量一个人的成功标志，不是看他登到顶峰的高度，而是看他跌到谷底后的反弹力。”试想一下，当所有的压力，所有的挫折，所有的诱惑都摆在面前时，我们是不是能够一如既往地选择正视困难，选择乐观坚守，我们是不是还记得最初的热忱和执着。其实只要不畏失败和困境，乐观积极地面对，终将会海阔天空，人生也终将会与众不同。

美国著名的哲学家拉尔夫·特赖因曾说一个人“关注什么，就吸引什么”。被动的人生态度，会让人在遇到困难、挫折时出现焦虑、泄气、失望、颓丧等情感反应。一个人如果做了被动人生态度的俘虏，会使自己的聪明才智和创造能力得不到很好的发挥，难有作为。

相反，一个人如果总是给自己输入正面的语言，以积极的人生态度面对问题，那么他身边就会形成一个无形的积极气场，影响自己不断前进。

那么如何引爆潜能，激发并获取无穷的信心能量呢？下面三大改造自我潜意识的方法十分有效，如果经常利用，将会取得不同凡响的效果。

方法一：强力刺激法

比如推销员在遇到挫折时，大喊一声，可以立即恢复力量。置之死地常可以“后生”，强烈的梦想造就伟大的行动。

目前流行的“巅峰销售潜能”“巅峰团队潜能”等高级训练课程中，均采用了大量的超强度心理及生理训练手段，以帮助学员强力刺激自我意识，达到激发自我潜能的目的。

方法二：直接输入法

例一：早上起床后、晚上睡觉前各写自己的目标50遍，一定能将目标信息输入潜意识。

例二：在家中一直播放潜意识录音带。无须刻意留神听，当做背景音乐即可。即使在睡觉时也不用关掉录音机，因为意识听不到，潜意识照样能听到，效果完全不减。当然，我们还可以不断寻找其他有效的“直接输入法”，并加以运用。

方法三：心理暗示法

心理学中著名的“罗森·塔尔效应”充分说明了心理暗示对人产生的巨大作用。

著名心理学家罗森·塔尔做过一个实验，他在一所中学挑选了一些学生，经过一番“测试与分析”，他告诉老师以及在座的学生们，哪一部分学生特别聪明。

当然，他的所谓“测试与分析”只是为了掩人耳目，挑选完全是随机的。受到心理学权威的暗示，接下来老师毫不犹豫地用对待“聪明人”的方法对待那部分“聪明的”学生，那群被教授暗示为“特别聪明的”学生也开始认为自己是应该“聪明的”，而且越来越发现自己似乎确实很聪明。8个月后，考试的结果表明，那些被教授圈定为“聪明的”学生的成绩果然明显优于其他学生，或明显优于自己的过去。

由此可见，只要我们潜意识里认同自己、肯定自己，就能不断地激发潜能，取得进步!

时刻保持“备战状态”

我们多年实践证明，海内外所有企业的管理实践也证明，一个单位特别是企业如何，取决于风气正不正，特别是领导班子的一把手。我是公司创始人员，而且是公司绝对控股的大股东，可以说是公司领袖，我也依然坚持，我要求员工做到，我自己首先做到。我每天7点多到公司，是最勤奋的企业家。招投标我从来不去干涉，在公司里面我也没有自己任何的亲戚，而且对我自己的亲属也严格要求，我从开始就要建立现代的企业制度，让大家觉得没有干扰。所以到现在为止，在公司里我也敢说一句话：向我看齐，作为民营企业家，这样做是很不容易的。

——《王健林董事长讲“创新的企业管理”解密高速发展和超强执行力》

执行策略

军旅出身的王健林立志要在商场上打造万达帝国，从家门口的一块“菜园”开始，像燎原的星星之火一般，在长沙、长春、昆明和全国的许多个城市，建立起自己的前沿阵地。耀眼的成绩背后，不难看出王健林出众的自控力和万达员工的执行力。

在王健林励精图治的14年里，他是这样形容自己的生活的：没有星期几，只有几号。因为他的每一天都排得满满的。所有在他身边工作的人对他的评价只有三个字——工作狂。而他说：“我要保持对财富追求的动力，因为这样我可以有更多的能力帮助别人。”

在万达人的眼里，“领导”一词，并不完全是“官儿”的概念，更是一个“榜样”，是需要目光时刻紧随，能够拉着大家的手前进的人。就像王健林曾拍着胸脯说过的名言：向我看齐！

因为是军人出身，王健林对于万达的管理也是格外严谨和严格的。公司里总是保持着紧张的气氛，用员工们的话说就是“备战状态”，因为“老板要办的事就要立刻办，不容拖沓。”

万达的高级职员基本都是男性。和王健林一样，他们也都是黑色的头发（特别黑，整齐地梳到后面），而且按照规定，他们全部穿黑色西装、白衬衫，系深色领带。多年来，不论晚上多晚睡觉，王健林始终坚持早上7:20就坐在办公桌前。他一年只有一周假期，而且不是连着休的。

每周六的早上，王健林都会召开审图会。一般要持续一个小时左右，他坐着，其他人站着。他戴着金边眼镜看着图纸，用一把白色的塑料尺子认真测量图纸上的人行道，皱着眉头重新把人行道画了一遍，然后把图纸扫到一边，开始研究地图，随后把地图也扫到一边，重新把图纸拿过来研究直到他满意。

在很多人看来，王健林的方式有点太过于事必躬亲了，但正是这种保证效率的方式，确保了他所开拓的业务能够成功。

从1988年创业至今，王健林没有被卷入到任何一种丑闻中。作为在房地产行业这样一位富有又有影响力的人来说，这是很不容易的。

王健林想让万达成为受尊敬的企业，他主张要用自己个体的力量努力影响更多的个体。在万达集团内部，员工私底下会称王健林为“老板”，公开场合则称呼“董事长”，员工们也都愿意像他一样去做义工；在大连企业界，老板们也都以他的行动为“风向标”，很多人发财之后都想买艘游艇显摆一下，但因为王健林没有买，就憋了好几年，可是他们最终还是买了。王健林听到这个消息后，也只好苦笑。

万达的企业文化就是这样一种强调领导者以身作则的文化，从董事长、集团副总裁到地方的总经理、各层管理者，都在这种文化的浸润下，担负起员工榜样的责任。二十几年来，万达集团涌现了一批又一批甘为企业献身的人，有的人踏实敬业，十余年如一日；有的人全年无休息，始终战斗在工作的第一线；有的人全年飞行距离超过10万千米，成了名副其实的“空中飞人”……

万达集团的健康发展一靠制度，二靠忠诚度。忠诚度从哪里来？从情感中来。“老总勤奋，员工敬业；老总守则，员工规矩；老总自律，员工廉洁”，身为领导，唯有发挥自身的榜样作用，才能得到员工的信服和信赖，才能使员工真正地工作着并快乐着。

智慧剖析

万通集团的创始人冯仑说：“伟大不是体现在领导别人上，而是体现在管理自己上。”在这方面，他最佩服的人便是万科集团的总裁王石。

王石热爱运动，尤其是爬山。他从四十七八岁开始爬山，用了大约五年的时间就完成了“7+2”（七大高峰和南极点、北极点），作为一名业余选手，能创造这样一个惊人的纪录，他靠的就是严格的自我管理。

每次爬山之前王石都会非常认真地做好准备工作，比如涂防晒油，他一定会按照要求涂够两层，而且涂得特别厚。在爬山的过程中，很多人在作息上都不规律，累的时候早早就睡了，而聊得高兴的时候则要八九点才会睡。但是王石不一样，说好几点进帐篷，到了时间无论聊得多高兴，肯定进帐篷，因为他必须保证充足的休息时间，不然第二天体力不够，可能就爬不了了。

爬山时吃的食物常常不够美味，因此很多人会选择挨饿，但王石不管多难吃都会强迫自己往下咽，为的是摄取足够的能量，保持体力。在爬到7000多米的时候，许多人都会走出帐篷兴高采烈地看风景，但是他不管别人怎么劝怎么感叹，都克制自己坚决不出帐篷，因为每动一次能量就会损耗一次。他对自己的这些严格要求在8000米以后就体现出效果了。王石能够顺利登顶，管理自己的能力是功不可没的。

所谓管理自己其实就是自律，是人的一种重要的品质，同时也是最容易被人忽略的。很多企业家在管理公司上颇有成就，但在自律上却不太注重，经常放纵自己，结果战略上多样化、组织系统等都受到影响，甚至因此失败。

在万科则不同，王石不允许任何一个自己的朋友或是战友进入公司。曾经有一个一起做过生意的朋友，拿了一个批文后，想找王石做，但在那之前王石就已经决定公司不做这种业务了，最后这个朋友竟然给王石跪下，保证就只有这么一次。但即便是做到了这个地步，王石还是坚决不做，由此可见他坚持原则到什么程度。

同样坚持原则的还有联想集团的总裁柳传志。十几年前，柳传志和十三四个企业界的朋友组成了一个小团体，每年“五一”他们都会找个地方玩一周。有一次在新西兰度假的时候，前一天柳传志在车上宣布：“大家都别迟到，如果有人迟到我就翻脸，一天不理你。”当时在场的人都以为这不过是句玩笑话，但第二天有一个人迟到了，柳传志竟真的马上就翻脸了，说：“我今天不理你，你别和我说话。”而他竟真的就一天没有和那人说话。在那天以后，再也没人迟到了。

这种坚持和自律，非一般人能比。当你不能严格管理自己的时候，你也就失去了领导别人的资格和能力。只有把自己管理好了，让自己成为企业中最好的成员，也才取得了领导的资格。只有这样员工才会信任你，并效仿你，才敢把命运寄托给你，企业的根基也才能够更加稳固和坚实。

成功在坚持中得以实现

没有一个成功是一上来就成，或者没有失败一路顺风下来的。这样的人也许在大千世界当中可能有那么一个两个，但那绝对是意外，可能是老天爷睡觉了打瞌睡时，让那小子蒙过去了。重要的是要有这样的坚持精神。

——《王健林：千万别学成功书籍里的“妙招”》

执行策略

和许多杰出的民营企业家一样，王健林也有着职业军人的背景。十八年的军队经历，锻造出了一个严格自律、永不言败的企业家形象，王健林的军旅生活可以说是他走向成功的垫脚石。

1970年，15岁的王健林来到了部队，当天晚上为了响应毛主席提出的“野营训练好”的口号，每个人背一个粮袋和背包，就去到了野外。负重二十多斤走两千多华里的路程，还要在林海雪原上和积雪抗争，睡觉的时候，需要自己挖出一个雪洞，然后自己进去过一晚，条件异常艰苦。

每天平均要走六十里，甚至七八十里，走不动的人可以去坐写着“收容车”的汽车，但是这一坐就可能把一年里评先进、评好战士的机会坐没了。

又冷又累的情况下，饭量就会增大，王健林常常会觉得吃不饱。当时他的班长，看他年纪小又吃不饱饭，就对他说：小王，我教你吃饱饭的招，但你首先必须承诺你要坚决保密。王健林同意保密。于是班长告诉他，先盛半缸饭，即便吃得再慢，也一定比满缸的人吃得快。吃完后就再上去盛第二缸，盛满满的一缸，这样就相当于吃了一缸半饭，就肯定能吃饱了。凭着这样很小的一招，王健林在一年的行军路上，基本上吃得饱饭了。

即便吃得饱饭，野营训练依然是难以想象的艰苦。王健林曾亲眼看见一个干部坐在雪地上哭，说不走了，党员不要了，排干部也不要了，就是不走了。可见，能完整坚持下来的人只占少数。一千多人的团队，走到最后只剩了不到四百人，而作为一个十几岁的孩子，王健林竟坚持到了最后。王健林说，一路上支撑他的就是一种信念，是母亲的嘱咐，要好好当好战士，争取超过你的父亲，就是靠着这样的信念和坚持，王健林才能在入伍的第一年，就当上了五好战士。

王健林认为，人生中做任何事情，要是没有一种咬牙的精神，没有一种一直坚持到底的精神，是不可能成功的。

如今光彩照人的王健林，在创业的初期也曾有过被歧视被拒绝的经历，而王健林也是凭着咬牙的精神一步步走过的。

有一次，为了一笔两千万的贷款，而且是某银行已经承诺提供的，王健林前前后后跑了50几次。行长躲着不见王健林，他就查到行长的下班时间，然后天天去银行堵他，但对方还是常常看见王健林就从其他门拐走。甚至有的时候王健林中午去堵，在他的办公室门口等，他明明在里面，秘书却坚持说他不在，最后甚至王健林会半夜在他的楼下“蹲守”，然后第二天一早行长从窗口看见王健林，宁可不上班，也不下楼。

虽然两千万的贷款最终也没有被王健林争取到，而且类似这样的事情，之后还发生过很多次，但王健林都咬牙坚持了下来，一次都没有被打倒，没有想过放弃。

坚持是企业家精神的核心，所有的创新，所有的梦想，都只有在坚持当中才能得以实现。王健林放弃在部队得到的团职的职务，在仕途最好的时候，毅然选择赶上创业的大潮，下海创业，实现梦想。若是没有一种咬牙坚持的精神，他可能就会跟大多数创业者一样被狂风大浪所淹没，然后默默无闻地度过一生。

智慧剖析

坚持，是一种精神，是一种信念。越是困难时期，越要咬咬牙，只有坚持到底，才会看见最美的曙光。

成功的哲学就是屡败屡战，跌倒了要有再站起来的勇气。不要因为一次跌倒，就丧失了前进的动力。失败只是对我们的一种考验，它会让我们在收获的时刻，感到更加幸福和喜悦。面对失败，我们要坚定自己的信念，拿出10倍的勇气与它勇敢作战。

人生就是一个舞台，我们扮演着各种角色。我们各有所爱，各有所好，各有各的理想，各有各的追求。但人们都喜欢一样东西，都渴望着一样东西，这便是成功。之所以这样，是因为人们以为成功是一种收获。的确，事实也如此，但人们往往因为太看重成功，而忽视了失败。其实，失败也是一种收获，这种收获是迈向成功的原始积累。

失败是成功之母，是成功的基石，是一笔巨大的财富。众所周知，发明大王爱迪生一生有一千多项发明成果，但他一生的失败次数却达十几万次。这一千多项发明，便是以这十几万次的失败作基石，坚持努力的结果。

在我们的周围，有很多人之所以没有成功，并不是因为他们缺少智慧，而是因为他们丧失了坚持下去的信念。其实，人生没有绝望的处境，只有对处境绝望的人。即使自己是一粒细沙，也要相信自己能够成为一颗珍珠。只有抱着这样的信念，我们才能走向成功。

有一位穷困潦倒的年轻人，身上全部的钱加起来也不够买一件像样的西服。但他仍全心全意地坚持着自己心中的梦想，他想做演员，当电影明星。好莱坞当时共有500家电影公司，他根据自己仔细划定的路线与排列好的名单顺序，带着为自己量身定做的剧本前去一一拜访，但第一遍拜访下来，500家电影公司没有一家愿意聘用他。

面对无情的拒绝，他没有灰心，从最后一家被拒绝的电影公司出来之后不久，他就又从第一家开始了他的第二轮拜访与自我推荐。第二轮拜访也以失败而告终。第三轮的拜访结果仍与第二轮相同。但这位年轻人没有放弃，不久后又咬牙开始了他的第四轮拜访。当拜访到第350家电影公司时，老板竟破天荒地答应让他留下剧本先看一看。他欣喜若狂。几天后，他获得通知，请他前去详细商谈。就在这次商谈中，这家公司决定投资开拍这部电影，并请他担任自己所写剧本中的男主角。不久这部电影问世了，名叫《洛奇》。这位年轻人的名字就叫史泰龙，后来他成了红遍全世界的巨星。

失败并不可怕，可怕的是面对失败灰心丧气，在失败的打击下一蹶不振，失去一颗敢于尝试的心。而只要尝试，我们就有成功的希望和可能。如果我们能够拥有坦然面对失败的勇气，在失败中总结经验，让失败成为我们下一次开始的台阶，那么成功迟早会属于我们。失败并不一定就是一件坏事，至少通过失败，我们可以看到自己的不足，充分认识到需要改进和提高的地方。在生活中，失败不可避免。失败并不可怕，关键是面对失败，我们作何反应。如果我们能够像爱迪生那样乐观地面对失败，把失败看做自己成功的一个步骤，在失败中学习，那我们迟早能叩开成功的大门。

人生道路上，并不只有成功才是收获，失败也是收获，如果人生少了失败，那将会是一种缺憾；人生有了失败，才会更加绚丽多彩。

战斗到最后一秒钟

我要把万达带到一个高度上，成为世界级的优秀组织——大概还有10年的时间，那时我会彻底退出。

——王健林谈万达未来

当所有的机遇都到门口，却放弃了，我觉得可惜，所以我现在还这么拼命奋斗。

——王健林做客《波士堂》，谈“万达负债是伪命题”

执行策略

随着马云、史玉柱纷纷“让位”，新希望的董事长刘永好也辞去职务，由其女刘畅来接班，在回想2011年时地产江湖的“大佬”王石、冯仑、任志强，几乎是同一时间，各自用“游学”“退休”“卸任”等行动发出一种离开的暗示，于是有人不禁要问：王健林是否也有类似的打算呢？

之前王健林在做客《波士堂》节目的时候曾被问道：有没有觉得差不多了，不想再做的时候？

王健林斩钉截铁地答道：没有！王健林认为，他自己是十分幸运的，因为国家实行改革开放，从而产生了民营企业。运气背后，王健林还有一种永不满足的心态，查看万达的现况，两千多亿的资产，一千多亿的收入，而且每年还在以30%、40%的速度飞速增长，既有先进的商业模式，又在不断创新储备更强大的产品，可谓所有的机遇都给到了门口，只要有人肯干，最大的成功也指日可待。

因此，虽然很多企业“大佬”都选择了隐退或是“垂帘听政”，王健林依然野心勃勃，“为什么不再干个十年，创立一个世界伟大的组织，成为世界前一百名的企业，为中国的企业、为民营企业增光。”

强烈的责任心和使命感贯彻到行动中就是严格的自律和超强的自控力。王健林的私生活不像很多地产大亨一样充斥着各种花边和新闻，他每天7点钟上班，晚上5点左右下班，从来不抽烟、不喝酒，除了喜欢唱歌，没有其他的爱好。因为王健林不打高尔夫，据说万达集团管理层就把这个爱好都戒掉了。

和王健林共事，需要有一定的抗压能力。“他到达问题核心的距离很短，反应非常快。”一位员工说，没有人敢在他面前心存侥幸。虽已近花甲之年，但他的记忆力惊人，对数据几乎过目不忘，如果他愿意，能抓住任何漏洞。

在公共场合，王健林就如同帝王，身后跟着好几个助理。会场上，他目光所向，都会牵动台下助理的神经。但他会在出差的路上和员工一起拎着东西，而且态度坚决。他经常用手挡住要关闭的电梯门，与员工一起上下楼。甚至有一次在奥克兰迪斯尼乐园，他记住了一个十分认真的华裔导游，为了表彰这个年轻人，他每天都会询问有没有发表扬信。

几年前，王健林曾表示等公司做到1000亿，他就退休。但是这个目标实现得太快，以至于让他仍旧没有满足感，如今他又推迟了时间，“我要把万达带到一个高度上，成为世界级的优秀组织——大概还有10年的时间，那时我会彻底退出。”

智慧剖析

王健林永不满足的精神，不仅体现了他强烈的责任心，也启示我们任何时候都要保持战斗力，坚持不懈，不轻言放弃。执着强烈的信念，以及不达目的誓不罢休的决心和力量，是成功的必要条件。

稻盛和夫曾说过，人生相当于一场满场的马拉松比赛，只有始终以百米赛的速度奔跑才有资格赢得最后的胜利。

只有笑到最后的，才笑得最好。在成功来临之前，要百折不挠，坚韧不拔；只有不向自己妥协，持续挑战，才有可能变路障为机会，转劣势为优势，把弱项变强项。

每一个成功者都有自己的创业关键词。被称为“ERP教父”的叶玉顺的关键词之首便是——坚持。叶玉顺奋斗了25年，经历了几番起落。曾经他用价值2.5万元人民币的资金起家，创办了台湾第一家ERP上市企业普扬资讯，后来这家公司成为台湾本土ERP软件供应商中的两大翘楚之一；曾经他也经历过股市狂跌、研发不济而被迫离开自己创办的企业。

当被问及怎样由2.5万元起家时，叶玉顺并没有提供一个精彩绝伦的故事，而是严肃地说："如果把时空背景放到现在，2.5万元办企业，那几乎是不可能的。对创业者而言，最为重要的是有坚持的特质，不然就难免头破血流。"

从创建到赢利，普扬资讯亏损了8年，叶玉顺也坚持了8年。在最难的那段时间里，叶玉顺最害怕的就是下个月发不出薪水。然而正当他对将来有些心灰意懒的时候，普扬资讯接到了一笔价值1500万元人民币的订单，成为企业发展的一个转机。

不难看到，如果没有坚持的特质，叶玉顺也许可能在亏损了三五年之后就放弃了，根本就等不到8年后的转机。

在激烈的市场竞争中，赛场上的选手很多，机遇和挑战并存。一旦稍有迟疑就会被后面的人追赶上，如果拿不出百米冲刺的劲头就会轻易被超过，甚至会被远远地甩在后面。商场如战场，虽然残酷但很公平，如果不竭尽全力就会在竞争中输得很惨。任何时候，都要付出不亚于任何人的努力，坚持住最快的速度才能超越强者，保持领先。

竭尽全力、锲而不舍是成功的心脏，坚持战斗到最后一秒钟的人，不是因为还有体力，而是精神不肯倒下。

做个充满希望的造梦者

《新京报》：有什么话是你深信不疑并且最想教给孩子的？有什么话是你曾经深信不疑如今不以为然？

王健林：深信不疑的就是，心有多大舞台就有多大，志向大小决定了你成功的概率。不以为然的话好像还没有想到。

——王健林接受《新京报》采访

从2005年到2012年，短短7年。进入这个电影院线时，我们的目标就是要做就做这个行业的至少中国第一，而且要争取世界排名。现在在中国有1000块银幕了，亚洲是最大的，110多家店面。

我们还进入了电影制片领域。也进入到传媒，我们投资了几家报纸、杂志，我们进入到了“秀”——舞台表演，跟美国顶级的公司合作，在中国投资了5个这种秀，武汉、西双版纳、大连、北京等总共5个，是顶级的，比拉斯维加斯和最好的欧秀、梦秀还要高一大截，2014年就要公演了。

此外还包括电影科技的娱乐行业。就像美国的环球影城，哈利·波特的奇异魔幻城堡，就像洛杉矶的变形金刚，就像奥兰多的蜘蛛侠……这种电影科技娱乐，制作成3D。

——《福布斯》独家专访

执行策略

在很多场合，王健林都曾公开表示：“我们进入一个行业就一个目标，要么做中国第一，要么就做世界第一。”看似狂妄的言辞其实展露的是万达始终走在行业前列的主要原因：忠于愿景，挑战自我。

在一般人看来，万达的世界第一只是指企业规模。但王健林心里却是如此认定：“万达要做就做全产业链的世界第一。”因为从行业来看，一般人们都只会记住两个品牌，但第一名品牌的效应比第二名品牌的效应要高得多。只有做到行业第一，才可能实现品牌的延展性或关联性，不只是简单的现金流和账面利润，还会产生边际效益或新的利润增长点。

事实证明，万达如今也正朝着这个目标一步步迈进：万达院线冲刺IPO、每年新开大量百货店、星级酒店快速扩张、旅游产业风生水起、海外商业布局稳步推进。

不仅如此，王健林的心中还一直藏着几串完全可以脱口而出的数字：比如，谈及企业持有物业面积，他会说，2014年估计能达到2300万平方米，成为规模最大的不动产企业；2020年原定计划是5000万平方米，但估计那个时候会达到6000万平方米。

而提及企业资产规模和收入，王健林会说，我们原定的目标是2015年2500亿的收入，3500亿的资产，200亿的净利润，现在看来这个目标也许会提前到明年。到2020年万达资产规模会达到6000亿，且非商业地产收入会超过一半。

而对于未来将继续发力的文化旅游行业，王健林也早就画好了一张大饼。“任何商业都有天花板，唯独文化产业没有，因为除了获得明显的收益，文化的品牌影响力更大。”王健林表示，文化旅游业务的地位在未来五到十年也许会超过房地产，并将争取在2020年以超过800亿收入的姿态进入世界文化产业前十。

如果说王健林是一名“铁匠”，那么，他二十五年如一日为之努力的就是将手中所有的“兵器”都锻造成“天下第一”。

细究王健林走过的路，不难得出一个结论：骨子里这是一个朴素的人，他像普通人一样，为朴素的志向所驱动。时至今日，凭借意志力和执行力，他成为了人们眼中具有雄心壮志，甚至野心勃勃的传奇人物。

智慧剖析

有一道智力题是这样的：荷塘里有一片荷叶，它每天会增长1倍，假使30天会长满整个荷塘，问第28天，荷塘里有多少荷叶？

答案要从后往前推，即有1/4荷塘的荷叶。站在荷塘的对岸，也许你会发现荷叶是那么的少，似乎只有那么一点点，但是第29天就会占满一半，第30天就会长满整个池塘。

每天进步一点点，便会产生无穷的威力！与荷塘里的荷叶如此，人更是这样。每天进步一点点，永远保持一颗奋进的心，我们的人生也将会发生翻天覆地的变化。

积极进取能给你带来很好的成功氛围。因为不断的进取，会让别人看好你的前景，愿意与你交往。一个人最终会成为平庸之辈，还是人中之龙，往往就取决于他有无进取精神。

冯仑说："看见未来的人才有未来，欢呼未来的人才创造未来，站在未来来看今天的人才有快乐。"进取心是我们人生的支柱，拥有一颗奋进的心，我们才能不断完善自我，提高自我。也只有拥有一颗进取的心，我们才会有动力奋发向上。而如果我们忽视了进取之心的力量，安于已经取得的成就，那么等待我们的将是心灵和生活上的萎靡不振。

"不满是向上的车轮"。一个人，一个企业之所以能够不断的强大，一个重要的推动力量，就是拥有这只"向上的车轮"——进取之心。这既是人为力量催生的蓓蕾，也是神秘的宇宙力量在人身上的体现。进取心，这种内在的推动力从不允许我们停下来，它总是激励我们为了更加美好的明天而努力。

曼德拉说："心，是一个人最强壮的部分。"假若我们的心不停息，希望，就始终存在。我们并不一定天赋异禀，但一定应该是个充满希望的造梦者。这是因为，做任何事情，都意味着风险和不确定性，在较高的失败可能性的前提下，没有理想和目标，缺乏激情和进取心，那么就会什么事都做不成。